- 本书为福建省自然科学基金资助项目"市场认知偏误与农业众筹信息治理的大数据文本挖掘研究"（项目编号：2020J01819）阶段性研究成果。
- 本书由闽南师范大学学术著作出版专项经费资助出版。

RENZHI PIANWU YU NONGYE ZHONGCHOU XINXI ZHILI

JIYU DASHUJU WENBEN WAJUE

认知偏误与农业众筹信息治理：
基于大数据文本挖掘

张琳 ◎ 著

图书在版编目(CIP)数据

认知偏误与农业众筹信息治理:基于大数据文本挖掘/张琳著. —厦门:厦门大学出版社,2021.11
ISBN 978-7-5615-8355-5

Ⅰ.①认… Ⅱ.①张… Ⅲ.①农业金融—融资—信息管理—研究 Ⅳ.①F830.34

中国版本图书馆 CIP 数据核字(2021)第 158496 号

出 版 人	郑文礼
责任编辑	潘 瑛
封面设计	张雨秋
技术编辑	朱 楷

出版发行	厦门大学出版社
社 址	厦门市软件园二期望海路 39 号
邮政编码	361008
总 机	0592-2181111 0592-2181406(传真)
营销中心	0592-2184458 0592-2181365
网 址	http://www.xmupress.com
邮 箱	xmup@xmupress.com
印 刷	广东虎彩云印刷有限公司

开本 720 mm×1 000 mm 1/16
印张 12.5
插页 2
字数 200 千字
版次 2021 年 11 月第 1 版
印次 2021 年 11 月第 1 次印刷
定价 58.00 元

本书如有印装质量问题请直接寄承印厂调换

厦门大学出版社
微信二维码

厦门大学出版社
微博二维码

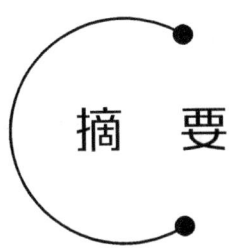

摘　要

新近数据表明,一些初创者依赖互联网直接寻求公众的财务帮助,而不是联系商业天使、银行或风险投资基金等金融投资者。这种被称为"众筹"的金融模式使得寻求资金启动新企业成为可能(Belleframme等,2013)。为了实施"大众创业、万众创新"战略,2014年中国证券业协会向社会发布《私募股权众筹融资管理办法(试行)》,中国人民银行等部门联合发布《关于促进互联网金融健康发展的指导意见》,开宗明义地将众筹融资者限定为创业者和小微企业。

作为深度开发的金融产品,农业众筹正在尝试改变传统农业资本模式。试图通过从普通大众群体筹集大量的相对小额资金,农业众筹成为支持精准扶贫、农产品营销、农业创业等活动的重要资金来源。虽然互联网的"开放式要约"可能非常有效,然而低标准信息披露规则制约着众筹资本信息治理效率。可能的欺诈、不切实际的投资预期以及缺乏经验的创造者(Hazen,2012;Griffin,2012)是农业众筹研究无法回避的挑战。

创业领域的众筹研究正在以越来越快的速度进行(Bruton等,2015;Mollick,2014),也采取了一些更为细致的方法。总的来说,本研究试图识别与传统投资过程的相似性,并借鉴现有理论,如信号传递(Courtney等,2017)、社会资本(Colombo等,2015)和合法性视角(Fisher等,2017)。然而,将这些传统理论应用到农业众筹领域,通常会产生好坏参半的结果和方法论的挑战。因此,本书研究专注于农业众筹投资者相对于传统投资者的独特性,为未来的研究探索打开了一扇窗。本研究不仅对农业众筹领域的投资者风险识别、初创者信息显示、平台方制度设计等具有建设性意义,而且能够为精准扶贫和新农村建设政策制定者和众筹金融风险监管者提供理论支持。对此，基于创业学、营销学与金融学等相关理论，本研究试图创新文本挖掘研究方法，从资本市场认知偏误视角揭示农业众筹信息治理机制。

在传统的证券市场，强制信息披露制度历来充当着投资者权益保护的"防火墙"，然而，强制性信息披露制度在众筹领域明显效率不高。由于采纳低标准的信息披露机制，众筹的项目描述性文本呈现出显著的主观性文本非结构化或半结构化特征。目前，在众筹文本量化研究领域，虽然已经有一些学者进行了探索，然而分析框架仍没有成熟。可见，低标准的信息披露规则为众筹带来了独特的信息挑战。一个重要原因在于，在众筹相关产品或服务之前，项目质量是不可观测的。关于众筹成功的影响因素，研究者投入了巨大的热情。在大数据技术的支持下，研究者不仅使用融资规模、已投资者数量、已投金额、目标金额等进程变量描述众筹市场行为特征（Mollick，2014），而且将创始经验（Hsu，Ziedonis，2013；Mollick，2014）、企业者教育背景（Ahler 等，2012）、管理团队特征（Hsu，2007）和董事会治理（Sanders，Boivie，2004）、专利（Hsu，Ziedonis，2013）、视频数量（Mollick，2014）等信息变量纳入检验框架。

近年来，随着语义分析技术的不断成熟，学者已经认识到文本挖掘技术在社会科学研究中的重要作用。实际上，大量的前期研究能够为众筹情感分析提供理论支持。传统金融投资决策通常以个人关系和尽职调查为基础，借助面对面的互动以应对信息不对称。然而众筹投资者通常几乎没有机会和能力进行尽职调查。相反，众筹投资者通过观察其他投资者行为进行决策（Mollick，2014）。搭便车行为的存在，使得参与者越多的项目，吸引支持者能力越强，进而导致项目优势的累积，甚至随筹资活动结束的临近而加剧（Zhang，Liu，2012）。羊群效应既肯定了众筹情感分析的必要性，也表明其特殊性。

本书认为，当前相关研究存在四个方面的问题：第一是农业众筹概念界定狭小。一些学者将农产品奖励定义和理解为农业众筹的典型代表，有意或无意地忽略其他众筹模式在农业经济中的应用问题。第二是农业众筹信息披露文本范围狭小。众筹信息披露系统具有多模块化构造。因此，专注于项目描述文本的研究存在"画地为牢"之嫌，结论难免偏颇。第三是农业众筹文本挖掘对象狭小。由于低标准披露规则下的众筹信息文本存在非结构化问题,因此关注文本的主观化特征应当是窥视农业众筹信息治理的窗口。第四是农业众筹文本研究支持资源狭小。当前的众筹文本挖掘通常是基于西文语言环境的成果。究其原因,缺乏专门的资源库支持是一个重要解释源。

基于价值共创理论,本书构建农业众筹信息治理研究框架,并采用问卷调查方式为框架提供经验数据支持。通过大数据文本挖掘,本书不仅揭示了认知偏误对农业众筹发起者学习和投资者决策的影响,而且从项目描述的说服风格、交流互动的情感管理和平台管理的异质特征的视角揭示了对农业众筹效率的影响。在此基础上,本书提出了农业众筹的相关建议与对策。

本书的主要研究包括以下四个部分:

第一部分是研究基础,由第一章"绪论"、第二章"理论框架构建"和第三章"基于价值共创的农业众筹信息治理实证"构成。第一章主要描述研究背景、研究动态、研究内容、研究方法与可能创新。第二章阐述农业众筹信息披露系统模块和制度设计,最后基于价值共创理论提出农业众筹信息治理研究框架。第三章基于问卷调查对农业众筹信息治理研究框架进行验证。研究表明,交互满意与信任感知等因素显著影响农业众筹价值共创行为。

第二部分是农业众筹市场行为研究,由第四章"农业众筹发起者学习行为研究"和第五章"农业众筹投资者羊群行为研究"构成。在某种意义上,资本市场的认知偏误造成农业众筹价值共创关系扭曲。通过大数据文本分析,第四章从创业学习角度研究农业众筹发起者行为。研究表明,农业众筹发起者受到认知偏误影响,也缺乏"干中学"机会。第五章研究了农业众筹投资者羊群行为特征。本章的文本分析表明,由于缺乏尽职调查的能力与机会,农业众筹投资者存在"搭便车"倾向。

第三部分是农业众筹效率研究,由第六章"农业众筹描述文本说服研究"、第七章"农业众筹评论文本情感干预研究"和第八章"农业众筹披露平台管理研究"构成。虽然说服研究属于传统主题,然而农业众筹说服机制仍不甚清楚。第六章基于扎根理论对农业众筹项目描述说服风格建模,识别农业众筹描述性文本说服"承诺激励""信号激励""情感激励""需要激励""信念激励"等五个维度,并进行了实证研究。第七章基于深度学习对农业众筹交流互动进行文本情感分析。本章研究认为,发起者可以通过评论情感干预提升农业众筹成功率。第八章基于多层线性模型探讨平台管理特征对于农业众筹成功率的影响,研究表明,众筹平台评级具有显著影响。

第四部分是对策与建议,由第九章"建议与对策"构成。本章在前期区域众筹众创金融调查基础上,结合前述文本挖掘结果,提出了农业众筹信息治理相关的建议。

目录

第一章　前言 / 1
一、研究背景与问题提出 / 1
(一)农业众筹兴起的域外背景 / 1
(二)农业众筹兴起的国内背景 / 4
(三)问题提出 / 7
二、研究动态 / 11
(一)农业众筹概念界定相关研究 / 11
(二)农业众筹发起者动机相关研究 / 12
(三)农业众筹投资者动机相关研究 / 13
(四)农业众筹成功影响因素相关研究 / 15
(五)农业众筹信息披露相关研究 / 17
(六)述评 / 19
三、研究内容、研究方法与可能创新 / 20
(一)研究内容 / 20
(二)研究方法 / 21
(三)研究创新 / 23

第二章　理论框架构建 / 25
一、农业众筹信息治理框架 / 25
(一)农业众筹信息治理系统 / 26

（二）农业众筹信息披露内容 / 27

（三）农业众筹信息披露监管 / 29

（四）农业众筹资金分配机制 / 30

（五）农业众筹交流互动平台 / 31

二、农业众筹的认知偏误 / 32

（一）农业众筹资本市场的认知偏误 / 32

（二）农业众筹投资者的羊群行为 / 35

三、一个理论框架：基于价值共创 / 37

第三章　基于价值共创的农业众筹信息治理实证 / 39

一、理论回顾与研究假设 / 39

（一）理论回顾 / 39

（二）研究假设 / 42

二、研究方法 / 44

（一）变量测量 / 44

（二）样本特征 / 47

三、实证研究 / 48

（一）信度和效度检验 / 48

（二）假设检验 / 49

四、研究总结 / 53

第四章　农业众筹发起者学习行为研究 / 55

一、文献回顾与假设提出 / 55

（一）文献回顾 / 55

（二）研究假设 / 57

二、研究方法 / 60

三、研究过程 / 67

（一）样本特征描述 / 67

(二)假设检验　　　　　　　　　　　　　/ 68

四、研究总结　　　　　　　　　　　　　　/ 73

第五章　农业众筹投资者羊群行为研究　　/ 75

一、文献回顾与假设提出　　　　　　　　　/ 75

(一)文献回顾　　　　　　　　　　　　　/ 75

(二)假设提出　　　　　　　　　　　　　/ 78

二、研究设计与样本数据　　　　　　　　　/ 81

(一)研究设计　　　　　　　　　　　　　/ 81

(二)数据抓取　　　　　　　　　　　　　/ 82

(三)样本描述　　　　　　　　　　　　　/ 83

三、回归分析　　　　　　　　　　　　　　/ 85

(一)关于已筹金额增量的回归　　　　　　/ 85

(二)关于支持人数增量的回归　　　　　　/ 86

(三)进一步的回归分析　　　　　　　　　/ 87

四、研究总结　　　　　　　　　　　　　　/ 89

第六章　农业众筹描述文本说服研究　　　/ 91

一、文献回顾　　　　　　　　　　　　　　/ 91

(一)说服研究进展　　　　　　　　　　　/ 91

(二)众筹文本的说服研究　　　　　　　　/ 93

(三)述评　　　　　　　　　　　　　　　/ 95

二、研究方法　　　　　　　　　　　　　　/ 96

(一)扎根理论动态　　　　　　　　　　　/ 96

(二)关键词库构建　　　　　　　　　　　/ 99

(三)扎根理论编码　　　　　　　　　　　/ 101

三、框架模型与研究假设　　　　　　　　　/ 105

(一)框架模型　　　　　　　　　　　　　/ 105

(二）研究假设 / 106

四、实证研究 / 109

(一）数据来源 / 109

(二）变量设计 / 109

(三）描述性分析 / 110

(四）回归分析 / 111

五、研究总结 / 113

第七章 农业众筹评论文本情感干预研究 / 115

一、文献回顾 / 115

(一）农业众筹文本情感分析相关研究 / 115

(二）文本情感分析研究方法改进 / 117

(三）述评 / 119

二、研究假设与研究框架 / 120

(一）研究假设 / 120

(二）研究方法 / 121

(三）变量设计 / 122

三、样本获取与描述 / 123

(一）数据抓取 / 124

(二）样本描述 / 124

四、研究过程 / 125

(一）农业众筹评论正面情感影响因素 / 125

(二）农业众筹评论负面影响因素回归分析 / 127

(三）评论情感对农业众筹成功率的影响 / 129

五、研究总结 / 130

第八章 农业众筹信息披露平台管理研究 / 132

一、问题提出、文献回顾与研究假设 / 132

(一)问题提出 / 132

(二)文献回顾 / 135

(三)研究假设 / 136

三、研究方法 / 138

(一)数据来源与样本描述 / 138

(二)变量设计 / 139

四、模型检验与结果分析 / 140

五、研究总结 / 142

第九章 建议与对策 / 144

一、区域众筹众创的调查 / 144

(一)区域众创空间建设实地调研 / 145

(二)区域性政府基金管理实地调查 / 146

(三)区域金融机构金融服务实地调研 / 147

(四)调研结论 / 148

二、农业众筹信息治理的金融监管建议与对策 / 148

(一)加强农业众筹金融监管制度建设 / 149

(二)完善农业众筹发起者评价系统 / 149

(三)加强农业众筹投资者风险教育 / 150

三、农业众筹信息治理的平台管理建议与对策 / 151

(一)建立农业众筹发起者学习机制 / 151

(二)提高农业众筹平台核心竞争力 / 151

(三)建立价值共创理念的众筹交流互动 / 152

(四)加强农业信息披露的规范与管理 / 153

(五)强化农业众筹质量信息披露意识 / 154

四、农业众筹信息治理的宏观政策建议与对策 / 154

(一)创新地方政府基金"跟投"决策机制 / 154

(二)构建区域性农业众筹股权交易信息平台 / 155

(三)推动农业众筹项目认证与平台评级工作 / 155
(四)完善农业众筹"第三方"市场 / 156

参考文献 / 157

附录 / 172
附1:分词程序 / 172
附2:新词提取程序 / 172
附3:农业众筹描述文本关键词提取示例 / 174
附4:基于情感词典的情感分析程序 / 178
附5:基于深度学习的情感分析程序 / 184

第一章 前言

研究表明,中国与美国虽然在创业投资总量上相近,但在创业早期的投资比例上,美国远高于中国。在某种意义上,造成中美创业投资差异的原因可以归咎于我国众筹市场发育缓慢。众筹仍然是一个新兴事业,是否会成为天使金融和风险投资的替代品仍然需要观察。因而,大多数研究工作都是相对动态的。本章主要研究农业众筹信息治理研究背景,并提出研究问题、研究方法与研究内容。

一、研究背景与问题提出

（一）农业众筹兴起的域外背景

"众筹(crowdfunding)"属于典型的民间小额资金融资模式,最早可推演至古代祭祀中由香客们贡奉的香火钱。本质上,众筹就是通过募集大众群策群力用以启动或完成某一具体目标方式的行为。随着互联网的普及以及后工业时代文明的发展,现代意义上的众筹诞生。发起者通过网络平台在短时间内将投资人的资金、智慧和资源聚集至大家共同感兴趣的事业上。众筹融资在"融资严重不足"的企业与"投资资金渠道匮乏"的大众之间构建了金融资源配置平台。那些饱受传统金融市场"信贷歧视"的小微企业,可以通过众筹平台获得较低成本资金支持。当然,那些被传统金融市场"低利率压榨"的投资者也可以借助众筹平台分享新兴产业成长与经济发展成果(岳中刚,等,2016)。

众筹是一种为各种新企业提供资金的新方法,允许项目创始人在项目的早期阶段向社会公众请求资金资助(Kuppuswamy,Bayus,2013;Belleframme 等,2014)。作为交换,支持者通常是为了获得与项目相关的未来产品或权益。众筹最显著的特点也许是规模小且投资者地域分散。这与现有认为初创者与投资者因距离敏感而共同定位的观点形成了鲜明对比。通过有效放宽筹资者与投资者的距离约束,众筹拥有大量的投资者与融资者(Mollick,2014),众筹可能通过增加创新型企业资金供给影响创新率,也可能通过改变资本分配方式来影响创新方向。大多数项目在产品开发的早期阶段是不会从其他来源获得任何资金的。虽然风险投资基金和金融机构等存在大量资本,但初创项目却需要依赖发起者的朋友和家人的资助(Winborg,Landstrom,2001;Ebben,Johnson,2006)。相比之下,众筹模式为创业者从分布式受众寻求资金支持提供了新的途径。研究表明,众筹可能不仅可以为小型项目筹集资金,也可以为通常由商业天使,甚至风险投资基金提供资金的高增长初创公司筹集资金(Lambert,Schwienbacher,2010;Kleemann 等,2008)。

当前在国际上有着重要影响力的众筹平台是成立于 2007 年的美国 Kickstarter 网站平台。Kickstarter 不仅吸引了美国本土及世界各地众筹平台效仿的对象,同时还成为众筹研究者所热切关注的对象。Kickstarter 标榜自己是一个创意项目的融资平台,帮助富有创意和富有想象力的想法通过他人的直接支持而得以实现。虽然导致众筹更大范围推广与应用的"始作俑者"是美国众筹网站 Kickstarter,但现代意义上众筹概念的实践者是 2006 年成立,总部位于阿姆斯特丹的德国 Sellaband 网络音乐平台。艺术家、作曲家、发明家和其他人长期以来都依赖于各种支持者的资助来创作新作品(Steinberg,2012)。通过 Sellaband 平台,音乐粉丝可以投资乐队。作为交换,投资者获得奖励,如 CD 的免费副本或其销售收益。大约三年后,Sellaband 从个人筹集了超过 300 万美元资金,有近 4 000 名艺术家获得了超过 65 000 名"粉丝"的支持。由此,Sellaband 成为著名的音乐股票式融资平台。最值得注意的是,互联网、社交媒体、在线商务(Li 等,2009)和广告(Goldfarb,Tucker,2011)的发展促进了消费者的在线消费行为。总部位于纽约的 Kickstarter 是另一个著名的众筹平台,成立于 2005 年,自推出第一个众筹项目以来,已经帮助视频游戏设计师从 6 万名支持者那里筹集了超过 100 万美元的资金,使得产品设计师从 2 000 名支持者那里筹集了超过 3 万美元的资金,为一位建筑师从 100 人中筹集了 4 000 美元,用于改善当地公园。

通过聚合、筛选与匹配资本市场供给与需求,众筹"制造市场"双边交易的基础架构和规则,极大地拓展了交易可能性边界(谢平,等,2014)。Agrawal 等(2016)研究发展,众筹投资者的平均距离超过了 3 000 英里,而传统风险投资则遵循"20 分钟规则"。由于众筹能够帮助那些处于创建初期的中小微企业摆脱融资困境,因而在全球主要经济体中得到迅速发展。从小型艺术项目到寻求数亿元的种子资本(Schwienbacher,Larralde,2010)。尽管统计数据显示只有约 40% 的项目成功实现了其承诺的目标,但即使是一小部分项目成功,也可能为创建者带来巨大的效益。这可能会激发更好的创新,并提供更多的就业机会。近年来,众筹平台已经在全球筹集数十亿美元。统计数据表明,全球共有 452 个规模以上平台,众筹项目的范围各不相同,包括艺术、漫画、舞蹈、设计、时尚、电影、食品、游戏、音乐、摄影、出版、技术、戏剧、科学和服务,筹集的资金从几美元到 1 000 万美元不等。在最受欢迎的众筹平台 Kickstarter 上实现目标的人占 43%,筹集了 14.7 亿美元的捐款(Esposti,2012)。

2012 年 4 月 5 日,美国总统奥巴马签署了《就业法案》(JOBS Act)将基于股权的众筹模式合法化。2014 年,英国颁布了《关于网络众筹和通过其他方式发行不易变现证券的监管规则》。现如今,众筹可以有丰富的模式,即使扩展的众包定义也有可能有所遗漏。如基于互联网的点对点贷款(Lin,Viswanathan,2013)和由音乐团体的粉丝发起的募捐活动(Burkett,2011)。即使没有股权众筹,投资者也可以采取其他形式模式进行众筹,包括未来利润或特许权使用费份额、未来计划公开发行或收购的部分回报或房地产投资份额等。概括起来,众筹已经演化出公益类、奖励式和权益类等形式。公益类众筹,也称非营利性众筹,其特点是投资者不要求任何回报。债权型与股权型众筹是以资金保值增值为目标的投资性众筹;奖励型与捐赠型众筹则是以预购产品或服务为目标,抑或出于慈善动机的非投资性众筹(岳中刚,等,2016)。研究表明,公益众筹在实现筹资目标方面往往比其他组织形式可能更为成功。公益众筹效率依赖于支持者的利他主义效应。因而,慈善事业在主要的众筹平台上发挥着惊人的重要作用(鞠冉,2014)。奖励众筹,也称产品众筹,即个人为项目提供资金以换取各种实物奖励。股权众筹是指以股权为回报方式的众筹模式。

成立于2013年9月的AgFunder是美国规模最大的农业股权众筹平台,也是全球最大的农业食品技术股权众筹融资平台,拥有超过65 000名会员和用户,业务范围包括垂直农业、有机农业、大规模农业、水资源管理等农业领域。王兆怡和李华(2020)研究认为,严格的审查机制是AgFunder平台吸引优质的农业项目的重要原因。AgFunder平台审查范围包括公司领导层、公司理念、财务状况、项目团队、项目风险、项目前景、退出机制等各个方面。统计数据显示,仅有不到2%的农业企业能够通过审查,以至于AgFunder平台为其发布农业众筹项目回报提供担保。根据2019年5月底AgFunder News发布的《2018欧洲农业食品技术投资报告》,成立于2011年Crowdcube英国著名综合型股权众筹平台在欧洲食品和农业领域最为活跃,2018年全年该平台共为13家农业食品科技初创企业提供融资帮助。不可否认,美英的农业处于世界领先地位。农业生产以大农场为主,不仅生产效率高、规模大、产业化程度高,而且政策扶持力度大。优越的环境条件促使众筹在美英农业领域得到广泛应用与推广。在农业众筹实践过程中,美国和英国确实为世界树立了榜样。研究和分析农业众筹在美国和英国的发展现状及应用,对于研究分析农业股权众筹在我国的发展具有重要的借鉴意义。

(二)农业众筹兴起的国内背景

近年来,我国资本市场的产品品种结构随着互联网金融的快速发展变得越来越丰富,一些中小企业领域可以利用互联网向大众筹集资金。我国于2014年和2015年先后发布《私募股权众筹融资管理办法(试行)(征求意见稿)》《关于促进互联网金融健康发展的指导意见》,鼓励众创、众包、众筹、众扶的持续健康发展;同时指出,业务模式要进行创新探索,发挥股权众筹融资作为多层次资本市场有机组成部分的作用,更好地服务于创新创业企业;要以互联网为平台,更加灵活高效地满足产品开发、企业成长和个人创业的资金需求。2017年,互联网股权融资专委会成立。2018年,证监会表示,将逐步修订《证券法》,为股权众筹留出发展空间。

虽然众筹在国内属于新型互联网金融,但当前发展规模不容小觑(何欣奕,2015)。国内众筹的概念始于2011年"点名时间"众筹平台的创办。2013年美淘通过淘宝融资500万,成为国内第一个股权众筹成功案例。2015年年底,国内股权众筹平台达到峰值的有141家。为此,业界将2015年誉为中国"股权众筹元年"。此后,有数据显示,虽然我国股权众筹平台数量增长在趋缓,但成功项目数和实际筹资金额却在增加。统计数据显示:2017上半年共有9 580个权益型项目,相比于2016年同期9 855个项目略有减少。其中,成功项目6 555个,失败项目1 184个。成功项目总支持人次约1 111.14万人次,相比2016年同期的1 504.15万人次也有所下滑。虽然项目数和支持人次均有所回落,但成功项目实际融资额高达34.43亿元,同比2016年的24.03亿元增长了43.28%。根据众筹家网站(http://www.zhongchoujia.com/)的数据,相较于2016年众筹平台巅峰时期存有532家众筹平台,截至2019年6月底,仅有105家处于正常运营,而根据人创咨询的最新统计,截至2019年12月,处于运营阶段的共有67家,可见出局的众筹平台仍是多数,只有少数优胜者才能留下。依旧选取众筹家网站数据,2019年12月,小米众筹、苏宁众筹、淘宝众筹、京东众筹、摩点网五家具有代表性的权益型众筹平台的成功融资额与11月相比,跌幅达到50.94%,成功项目数环比下降7.97%,相应的投资支持人数环比下降41.53%。截止到2020年4月底,我国处于运营状态的众筹平台共有59家。我国目前众筹行业发展正处于洗牌阶段,经历过了萌芽起步与爆发增长,目前行业监管趋于严厉,全国正常运营的平台数量骤减。当前国内众筹标的物范围已经越来越广,涵盖创意类、公益类、农业类、科技类、动漫类、游戏类、音乐类、图书类、影音类、设计类、健康类等多个类别或领域。有观点认为,中美众筹模式总体上也存在显著差异。美国的众筹平台通常专业化强,比如著名Kickstarter平台主要为科技和艺术类项目公益筹资。国内几家知名众筹平台业务混杂,所开展的业务主要采取奖励模式,医疗健康领域的公益筹资也占据一定比重。此外,我国众筹项目还存在融资规模小、项目质量低等问题。由此可见,目前众筹平台发展不易,参与度有所下降,成功率有待提升。

中共十九大报告指出:"实施乡村振兴战略,要坚持农业农村优先发展、实现小农户与现代农业发展有机衔接、支持和鼓励农民就业创业,拓宽增收渠道等。"在此背景下,作为互联网金融在农村金融领域的一种创新性实践,农业众筹开始得到人们的关注。国内农村金融改革实践至少可以追溯至"农业合作社"模式。自1978年农村家庭联产承包责任制以来,农户的生产积极性极大提高了,但以家庭为单元的生产经营模式缺乏规模经济,普遍面临融资难的问题。虽然2007年7月1日《农民专业合作社法》的实施促进我国农业合作社的发展,但是营销难、融资难问题依然尖锐地存在(刘冬文,2018)。针对农产品营销与流通困难的问题题,"农超对接""基地+农户"等农村电子商务模式得以兴起。从2013年起,发展农村电子商务连续5年被写进中央"一号文件",并被写进国家"十三五"规划,"农业电子商务示范工程"也被列为重大工程之一。《中国农村电子商务发展报告》的相关统计数据显示:中国农村电子商务交易额2015年3 530亿元,2016年为8 945.4亿元,而2017年达到12 448.8亿元,比上年增长了39.2%。在国家政策的大力推动下,农村电子商务发展成效显著,但也受到"门槛高""税收高"和"成本高"等因素制约(钱泽森,等,2018)。相比之下,众筹可以在一定程度上克服电子商务和农业合作社的一些不足(郑筱婷和商诗语,2019)。

一般认为,农业众筹起源于美国,2014年引入中国。随着实践的深入,农业众筹对于缓解农业企业融资难、推动精准扶贫、促进农村经济发展的重要作用日渐显现。2016年,江苏点石集团率先开启"电商+农业众筹"扶贫新模式。2017年12月,阿里巴巴成立脱贫基金,宣布利用电商平台优势助力农业众筹脱贫。2018年5月,京东联合腾讯开展"特产中国"公益助农扶贫新思路。尝鲜众筹、大家种、有机有利等一大批农业专业众筹平台纷纷建立,为各式特色农业众筹项目提供运行空间,向新农村建设注入了活力。根据众筹家数据研究院发布的《中国农业众筹发展研究报告（2017）》，截至2017年12月，共有88家农业众筹平台公布3 457个农业众筹项目，项目成功数为2 987个，实际融资额高达9.64亿元。当前国内不仅有垂直类农业众筹平台从事农业众筹项目推广，还有部分综合类平台也设置了农业众筹模块。可见，农业众筹已经得到资本市场一定认可，成为农户创业融资和农产品销售的可供选择的新渠道。需要指出的是，当前国内农业众筹发展还处于萌芽起步阶段，平台经营模式相似与模仿程度高，没有形成核心竞争力。

总体上，农业众筹得到学者关注。早期的学者尝试借鉴域外农业众筹发展经验。如夏恩君等（2015）指出，农业众筹的兴起提供了一条将分散的社会资金流向农业生产的新渠道。廖曦等（2015）比较研究了中美农业众筹效率。申秀清和修长柏（2012）总结了美国、法国和日本多层次农业资本体系建设经验。随着研究的深入，农业众筹研究从农产品营销向精准扶贫（毕娅和陶君成，2016；尤美虹和陶君成，2018）、农场经营（王亦明，等，2016；李佳鹏.2017；Zhao，Vinig，2017）、乡村整治（李佳鹏，2017）等领域拓展。如张丹丹（2018）认为，农业众筹能够实现"去中间化"，从而提高涉农生产销售效率。乔宇锋（2020）探讨了农业众筹对绿色发展的积极意义。总之，学者们纷纷肯定农业众筹实现了生产者与消费者之间的直接对接，即不仅可以优化农业生产要素的资源配置，还能改善农业生产管理效率。

（三）问题提出

虽然互联网的"开放式要约"可能非常有效，然而低标准信息披露规则致使众筹市场面临严峻的效率缺失。在传统的证券市场，强制信息披露制度历来充当着投资者权益保护的"防火墙"。不过，强制性信息披露规则在众筹领域明显缺乏有效性。确切地，众筹存在严峻的信息治理问题，更可能是一个非有效的证券市场。证据表明，由于规模小且地域分散，众筹投资者几乎没有机会和能力展开尽职的调查（Mollick，2014），试图搭便车地使用他人尽职调查（Agrawal等，2014），因而倾向于接受和跟随那些已获较多融资的项目（Hildebrand等，

2016)。研究者强调,前期投资对后期投资具有暗示作用,最终可能引发众筹羊群效应。

相比于其他行业众筹,农业众筹可能存在更加复杂的信息治理问题。正如前文所指出,食品安全的承诺与产品质量的披露往往是决定农业众筹项目成败的关键因素。曾江洪和李林海(2017)实证结果显示,产品质量信号和管理质量信号能够正向影响项目成功。王萍萍等(2018)的研究强调,质量信号显示机制对于奖励型农产品众筹十分重要。另外,公益特征显著提升农产品奖励众筹成功率(郑筱婷,商诗语,2019)。本书认为,农业众筹信息治理研究需要深度文本挖掘支持。与其他行为众筹研究类似,农业众筹信息治理相关研究得到一定涉及。如阮素梅和蔡茹雪(2019)具体研究质量认证证书数量、图片数量、社交媒体宣传和评论数量对农业众筹的影响。王萍萍等(2018)研究结果表明,网页交互因素中的项目关注分享数、评论数和最小投资额,以及发起人资历对项目融资绩效提高有显著正向影响;但因发起人所属地域不同,各因素对项目融资绩效的影响程度表现出一定的差异性。在某种意义上,农业众筹对传统农业生产流程具有革新意义(肖建,等,2017)。根据文献整理,研究者认为困扰农业众筹的因素包括:

(1)市场信息不对称。信息不对称是农业众筹发展存在的最大问题。出于对食品安全的担心,农业类众筹在信息披露、成功率等方面表现出与其他类别的众筹项目较大差异(Yoo,Choe,2014)。为了实现融资目标,项目发起人可能自费刷单和制造声势。对此,众筹平台可能默许发起人的"操纵行为"。实际上,为了吸引资本注意,已有的农业众筹项目倾向在营造"特色、绿色、健康"等噱头。问题在于,天然的弱质性使得农业项目承诺的产品或服务质量难以兑现。在生产管理环节,农业生产过程复杂、周期长,因而农产品的质量和产量易受自然环境影响;在质量控制环节,农药化肥的使用难以有效监管。在运输流通环节,农产品在存在易腐坏、存储难等问题。在产品消费环节,由于项目类型趋于单一化和同质化,导致消费者口碑和评价不高。因此,即便"诚实"的农业众筹发起者也难以"精准地"兑现承诺。

(2)市场效率缺失。农业众筹项目易引发市场逆向选择和"羊群效应"。羊群效应也叫羊群行为或者从众心理，遍及生活、股市、职场等决策领域。羊群效应也是投资者为了节约交易成本而采取的重要策略。众筹金融的羊群行为表现为投资倾向随着前期投资资本的积累而增加（Agrawal，Catalini，Goldfarb，2011）。虽然在某些条件下，羊群行为是一种有效的决策模式，然而搭便车的决策模型更可能导致巨大的市场风险。

（3）应用领域狭小。理论上，农业众筹项目应用领域一般包括农产品销售、农场管理、农业技术推广、农村土地流转、农村公益扶贫、农村乡村整治等。众筹的初衷是激励公众的自愿贡献（Kleemann，等，2008）。那些愿意支付额外费用，或者追求非货币性社区福利的个体，更可能成为众筹支持者。然而，当前农业众筹实践局限于农产品奖励模式，目的是解决农产品销售问题。客观上，当前以农产品奖励为代表农业众筹只是一种低水平的互联网金融应用。农业众筹对中国农村经济社会的贡献仍存在巨大的发展空间。

（4）平台管理水平有待提升。不同于美国的众筹平台专业化发展道路，比如著名 Kickstarter 平台主要聚焦于为科技和艺术类项目公益筹资，国内几家知名众筹平台业务混杂，所开展的业务主要采取奖励模式。目前国内垂直型农业众筹平台仍缺乏，多数农业众筹项目主要在淘宝众筹、众筹网等综合型平台上发布。综合型平台通常无法制定针对农业众筹的专门运营规则，甚至在农业众筹的项目审核、权益分配等都存在职业判断差异和不确定性等问题。如众筹的服务协议明确表示对项目审核结果不承担保证责任，且"无义务监督众筹项目的执行与实现"（张燕，侯启玲，2021）。当然，由于有扩大市场份额的要求，众筹平台有可能放松审核与监督。

（5）众筹功能异化。由于涉及未来交付，因而公众对农业众筹质量要求更高。研究表明，实际的发起人虽然具有融资需求，可能不了解农业众筹，也不愿接受众筹条款约束（史莹娟，等，2017）。多发起人只是将众筹理解为另类推销产品的"电子商务"。如此动机既使农业众筹功能发生异化，也破坏了农业众筹市场环境（张燕，侯启玲，2021）。

关于众筹信息披露的研究得出一些令人深思的结论，例如，Choy 和 Schlagwein（2016）认为，虽然众筹平台实现了项目支持者与发起者之间的信息共享,却也可能会导致用户信息、产品技术和商业机密"有意或无意"地暴露。Burtch等(2013)指出隐藏资助者的信息会减少众筹项目的资助者数量,但有可能增加筹资的资金额。农业众筹信息披露规范如何制度设计?显然,当前相关的文本挖掘研究总体缺乏深度,没有充分体现农业众筹的"低标准信息披露"特征,因而一些重要问题没有得到揭示:①农业众筹项目描述文本是否以及如何影响投资者行为。众筹项目描述文本是初创者思想、认知与意志的表现(Hellmann,2007;Casamatta,Haritchabalet,2010),是说服投资者的重要工具。问题是,在低标准信息披露框架下,农业众筹发起者有动机和机会故意歪曲或夸大信息内容。投资者的机会主义倾向也加大了上述行为发生的可能。②由于所有投资者都有动机等待并了解其他投资者的行为,因此,众筹投资者严重依赖累积资本作为质量的信号(Zhang,Liu,2012;Burtch、Ghose、Wattal,2011;Freedman,Jin,2011;Kuppuswamy,2013),研究强调,早期众筹投资者往往局限于本地域(Gerber和Hui,2014)。那么,早期农业众筹投资者交流评论的情感注入是否及如何影响后期投资者行为值得关注与探讨。③众筹交流互动不仅是投资者获取信息的渠道,也是表达观点与情绪的场所。那么,项目描述文本说服与交流互动文本情感之间是否以及如何关联。农业众筹投资者行为究竟是基于市场信息挖掘的理性行为,还是建立在从众跟风基础上的羊群行为?肩负信息披露监管责任的众筹平台,能否"尽职"缓解不对称信息环境的干扰?此研究结论既是判断农业众筹投资者理性程度的重要工具,也是观察农业众筹信息系统运行效率的窗口。现有众筹实证方面多集中于创新科技及创意产品项目,对农业众筹模式研究仍停留在概念层面。因而,本书的研究将对其进行补充,试图丰富现有相关研究。

二、研究动态

（一）农业众筹概念界定相关研究

众筹源于微观金融（Morduch,1999）和众包（Poetz 和 Schreier,2012），现已演变为一种独特的资本类别和模式。众筹源于 Kleemann 等（2008）提供的众包定义，即将解决问题的任务外包给分布式个人网络。Howe 和 Robinson 在 2006 年 6 月出版的美国《连线》杂志（*Wired Magazine*）上首次使用了"众包"（crowdsourcing）一词。在此基础上，Bechter 等（2011）对众筹进行了界定，即通过互联网将大众及其资金聚集的集体力量，用于投资和支持由他人或组织发起的各类项目。Kleemann 等（2008）指出，"当公司通过互联网公开要约，将其生产或销售所必需的任务外包给公众时，就会发生众包"。本质上，众包目的是激励个人对公司的生产过程做出自愿贡献，帮助创业者获得发展方案、反馈意见和问题解决途径（Howe,2008;Kleemann 等,2008）。众筹是一种依托互联网，向普通的大众群体而非风险资本家筹集大量的相对小额资金的行为（Belleflamme,Lambert,Schwienbacher,2014）。若将众包理解为基于互联网的人力资本新型生产组织方式，那么众筹则是物质资本的新型融资方式（岳中刚等,2016）。在为数不多的已发表的众筹概述中，Schwienbacher 和 Larralde（2010）将众筹定义为"一种通过互联网的公开要约，接受捐赠或交换等形式提供的财政资源活动"。众筹支持者的主要动机就是获得投资机会。Gubler（2013）将众筹描述为"给普通投资者提供进入下一个大创意的机会"。

虽然基于股权的众筹模式往往比基于奖励的众筹模式能够筹集到更多的资金，然而基于奖励的众筹模式代表了大多数众筹平台的特征。一个重要原因是，非股权众筹筹集可以避免稀释。与其他形式的众筹相比，股权众筹受到高水平的监管（Heminway 和 Hoffman,2010）。如果涉及向大众提供股权，众筹可能会遭受更多限制。因此，那些具有高质量项目的创建者可能很少有动机使用股权众筹。Belleflamme 和 Lambert（2014）的研究指出，在初始资本需求相对较小且消费者基础较大时,初创者更倾向于奖励型众筹;在资本额较大且消费群体狭小的情况下,初创者更倾向于债权型或股权型众筹。

农业众筹不仅是农业生产者展示农业创意和推销农业产品的工具,而且是社会大众参与农业扶贫、获取农业投资收益的渠道。相比于农业众筹实践,农业众筹理论研究较缓慢,甚至连农业众筹的定义,目前没有相对统一的定义。一般地,农业众筹是众筹在农业领域的具体应用。例如,肖建等(2017)将农业众筹概括为"利用互联网金融工具推动农业发展的商业模式"。由于当前农业众筹模式以农产品奖励为主体,因此,有学者直接从农业众筹具体模式进行定义。如吕映秀等(2017)指出,农业众筹就是采取农产品预售模式面向消费者筹集资金的互联网金融。本书认为,此类概念的界定方式虽然简单,却也存在外延狭隘化之嫌。

(二)农业众筹发起者动机相关研究

众筹发起者参与动机从来就是一个研究热点(见表1-1)。首先,发起者的动机得到关注。通过向一定范围内的公众募集资金、渠道与能力,众筹能够为创业者提供支持。正如前言部分所指出的,发起者通常是创业者或创意者,当然也不乏有为了加强用户体验和交互的个别企业者。因此,发起者在理论研究中通常被直接理解为创业者。当然,筹集资金是众筹发起者的主要参与动机,建立社会关系(Lambert,Schwienbacher,2010)、获得市场认可(Schwienbacher,Larralde,2010)、复制成功模式(Elizabeth等,2013)、扩大工作认知和学习新技能(Elizabeth,Julie,2013)等也是发起者参与众筹的动机与目标。Lambert和Schwienbacher(2010)的研究发现,21个创业者中约有3个创业者通过众筹平台筹集资金。可见,众筹正走入创业者视野。

其次,研究者强调众筹所具有筹资之外的衍生功能。如基于消费者剩余与价格歧视原理,Belleflamme(2011)认为,众筹能揭示消费者对产品的保留价格。Strausz(2017)帮助发起人降低需求不确定。Chemla和Tinn(2016)甚至认为,众筹可以作为发起者对市场消费者的调查。关于农业众筹发起者动机,研究者认为,发起人虽然具有融资动机,却更可能只是将众筹理解为另类农产品营销的"电子商务"(张燕,侯启玲,2021)。

表1-1 众筹发起者行为动机研究

文献	主要观点
Lambert 和 Schwienbacher(2010)	筹集资金、取得关注、获得反馈
Schwienbacher 和 Larralde(2010)	筹集资金、扩展人脉
Elizabeth 等(2013)	筹资、建立关系、获得认可、扩大工作认知、复制成功模式等
Gerber(2013)	资金筹集、取得市场信息、参与社区交流、获得创业经验、产品推广
Elizabeth 和 Julie(2013)	筹资、工作认知、与他人联系、获得认可、保持控制权、学习新技能
Hui 等(2014)	了解网络功能,激活网络联系,扩大网络覆盖面
Stanko 和 Henard(2017)	筹集资金;创新搜索;市场预测;决策支持
刘明霞和黄丹(2015)	机会驱动、关系驱动、成就驱动、情感驱动、平台驱动

(三)农业众筹投资者动机相关研究

由于网络环境下公众的诉求存在差异,因而会形成有差异的投资偏好(王伟,等,2017)。研究者对于众筹投资者市场参与偏好关注的视角主要是"羊群行为"。Bikhchandani 和 Welch(1992)将个体跟随他人的行为而来决定自己选择的现象称为"羊群行为"。简单地,羊群行为的后果就是在特定条件下,投资者在同一个方向上进行金融交易活动。对此,Duan 等(2009)学者认为,"信息过载"和"行为可观察"是导致羊群行为的两个主要原因。网络信息过于庞大以至于个体很难理解和运用所有的信息。如果可以很容易地观察到别人的选择,那么为了降低信息处理成本,个体模仿别人就是"理所当然"的理性行为。目前关于传统金融市场的羊群行为研究非常丰富,因而互联网众筹的羊群行为受到关注也是自然的(见表1-2)。

为了深入理解羊群行为,学者根据行为主体学习,将其划分为非理性羊群行为和理性羊群行为。前者是指决策者被动地模仿他人决策的行为;后者是指决策者羊群行为是对他人决策进行观察学习的结果。相比于传统金融形式(如风险投资、商业贷款等),由于承诺的产品或服务涉及未来交付,因此项目发起人和出资者之间存在信息不对称。虽然从事众筹投资的绝大多数个体是特定行业的专家,然而通常不具备专门的金融风险知识和评估的能力。由于众筹是基于互联网平台管理的金融行为,因此众筹本质上属于社交网络。网络社交提供了项目发起人和其他出资者的社会信息,这些信息为潜在出资者提供重要的决策依据。虽然众筹融资实现了资金流与信息流的快速融通,然而海量的互联网信息却可能使众筹信息的不确定性加剧。投资者决策往往会"便捷地"观察到其他人的投资行为,并潜意识地"解读"行为背后蕴藏的"实质"。与传统专业投资者相比,那些"小额"的资金所有者普遍缺乏投资经验,更容易受到从众心理的诱导。不过,王念新等(2016)从社会学角度认为,潜在投资者在面对已有筹资信息时可能表现受羊群效应影响的从众行为和受责任扩散效应影响的旁观行为。众筹参与者责任感源自于投资者不以获得财富回报为目的的"利他行为"。众筹的初衷是激励公众的自愿贡献(Kleemann 等,2008)。Andreoni(1990)指出,"捐赠使人快乐"。Gerber 和 Hui(2014)指出,消费者参与众筹的动机包括帮助发起人等。非营利众筹更容易获得公众支持,也比其他形式组织更容易众筹成功(Belleflamme 等,2010;毕娅,陶君成,2016)。Pitschner 和 Pitschner(2014)发现,非营利项目更容易实现小额融资目标。虽然现有文献从不同角度分析了众筹项目成功影响因素,但公益特征对中国农产品众筹影响的专门文献仍较少(郑筱婷和商诗语,2019)。

表 1-2 众筹支持者行为研究

文献	主要观点
Burtch(2013)	众筹市场的羊群效应作为一种负向的网络外部效应
Hildebrand 等(2013)	众筹市场中存在的羊群效应形成了一种对潜在出资者的逆向激励。高质量的项目投资者众多,因而收益低

续表

文献	主要观点
Yum 等(2012)	潜在出资者通常将项目的已有支持资金视为筹资者信用信号,因此产生了跟随大多数出资的项目
Liu(2015)	"来源于好友的出资"对出资者的影响是不确定的,取决于出资者对关系的既有投资者与融资者关系的判断
Koning(2013)	潜在出资者将已有筹资视作项目的质量信号,因而潜在出资者会跟随已有出资者对项目增加出资
陈娟娟,等(2017)	"羊群效应"呈现出正"U"形变化
Chris 等(2010)	众筹投资者更可能被其他同行的决策影响,甚至以过去同类项目的成功率作为主要决策依据
邓万江,等(2018)	众筹活动中前期支持的出资行为会影响后续项目转化
Zhang 和 Liu(2012)	众筹投资者严重依赖累积资本作为质量的信号
王念新,等(2016)	责任扩散效应可能导致潜在出资者表现出的旁观行为
Mollick(2014)	由于规模小且地域分散的农业众筹投资者几乎没有机会和能力展开尽职的调查;众筹的资助人群存在过度自信的特征

(四)农业众筹成功影响因素相关研究

根据 Mollick(2014)的研究,影响众筹融资成功的因素是非常丰富的。正如前文所指出,如项目发起者的社会资本、项目质量以及地理位置等都可以对项目融资成功率产生显著影响。在大数据技术支持下,研究者不仅使用融资规模、已投资者数量、已投金额、目标金额等进程变量描述众筹市场行为特征(Mollick,2014),而且将创始经验(Hsu,Ziedonis,2013;Mollick,2014)、企业者教育背景(Ahler 等,2012)、管理团队特征(Hsu,2007)和董事会治理(Sanders,Boivie,2004)、专利(Hsu,Ziedonis,2013)、视频数量(Mollick,2014)等信息变量纳入检验框架。

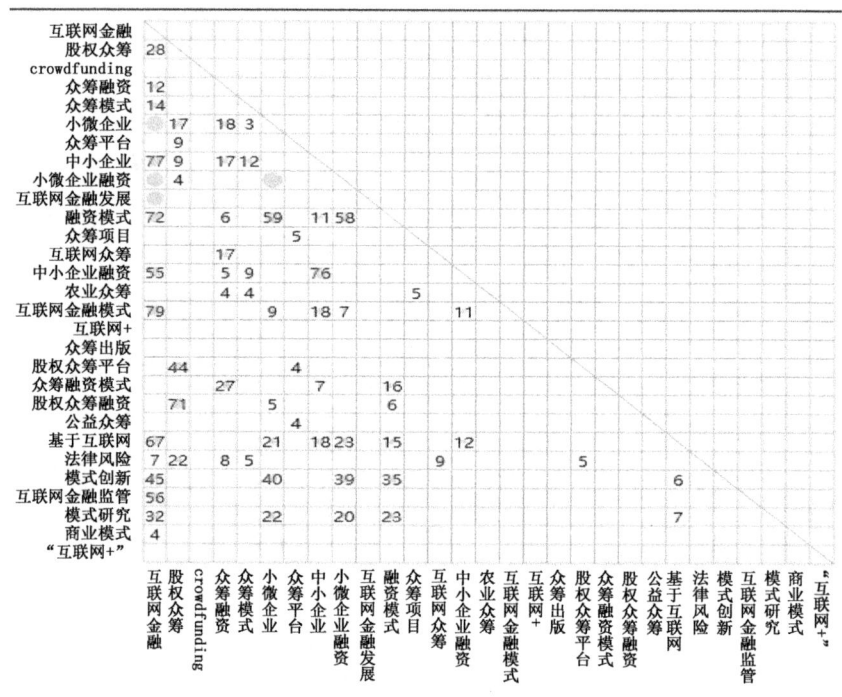

图 1-1 众筹研究动态

不仅如此,众筹的研究主题还是十分丰富的。根据本书知网的文献检索(如图 1-1 所示):"众筹平台""法律监管""互联网金融"等主题占据国内众筹研究主体。虽然众筹主题相当丰富,然而研究通常只是沿用传统金融研究范式,试图追究众筹信息文本的客观性与决策的有效性。本研究认为,传统金融研究范式与众筹低标准信息披露规则不匹配。首先,由于缺乏机会和能力开展尽职调查,众筹投资者倾向跟随已获投资项目。通过众筹信息负载和信息搜索研究,Chris 和 Ramachandranl(2010)发现众筹投资人更容易被其他投资者影响。其次,由于潜在的众筹者存在机会主义倾向,众筹发起者有动机歪曲或夸大信息,如关于创业公司的智力资本、市场生存能力或其他资源,以寻求投资(Akerlof,1970;Ravenscraft,Scherer,1987)。最后,过度自信等认知偏误致使众筹投资者更可能以过去同类项目的成功率作为主要决策依据(Mouick,2014)。如此表明,众筹资本市场的机会主义行为对农业众筹市场信息治理研究提出了严峻挑战。

根据所掌握的文献，当前研究者聚焦于项目描述的文本情感分析。例如：Tirdatov(2014)研究表明，众筹项目描述的修辞手法对投资行为的影响。Marom(2014)的文本挖掘发现，项目描述文本能够激励投资者为项目提供资金支持。Zhou等(2018)研究发现，项目描述的段落长度、可读性、情感语气对众筹融资效果具有正向影响。王伟等(2016)强调语言风格和情感语气等因素能够显著影响众筹决策。与此同时，亦有学者进行众筹交流互动文本的情感分析。例如：Wang等(2018)研究认为，评论数量、评论情绪、回复长度和回复速度对众筹融资成功有积极影响。Beier(2014)发现，发起人与投资者线上与线下的沟通、项目描述文本语言和媒介运用、项目信息更新都将提升众筹融资成功率。遗憾的是，鲜有研究者致力于从情感分析角度将项目描述文本与交流互动文本进行关联。郭韫丽和尹小莉(2020)研究发现，当众筹项目描述文本图片处于较高浏览水平时，关注的人数会持续增多；当数量达到较高水平时，关注人数会保持较稳定的高水平，众筹融资成功的可能性也相应地增高。换言之，关注两者之间的关联是一个有意义的研究领域。

（五）农业众筹信息披露相关研究

既然非专业的众筹投资者缺少机会和能力获取和处理筹资人的信息，那么其对于筹资人监督的效率和强度自然也较低。"羊群效应"就是众筹投资人面对海量的网络信息"智猪博弈"。现行众筹"低标准"信息披露机制是希望众筹平台能够以独立第三方的角色对众筹筹资人的资信状况进行信用"背书"，如此既能缓解投资者信息过载问题，又能够在一定程度上满足众多投资者的信息需求。Lin等(2013)发现，信用评级在美国债权众筹市场与其他金融市场具有一致的信号价值。那些等级越高的筹资人违约的可能性越小。岳中刚等(2016)使用"人人贷"样本数据发现，信用评级能有效反映未来违约的可能性。

关于筹资人自愿信息披露对融资绩效的影响，理论界存在着"透明观"和"柠檬观"两种截然不同的观点(Felo,2013)。所谓"透明观"是指筹资者个体自愿披露的信息将能提高投资者积极性和筹资人信息透明度。"柠檬观"是指为了提高融资成功的概率,筹资人可能会通过渲染甚至虚假地"透露"一些信息诱导投资者决策。Michels(2012)的研究表明,那些非认证信息的自愿披露与借款利率显著负相关,与筹资金额显著正相关,与违约率负相关。岳中刚等(2016)研究认为,无论筹资人是由于彰显优势还是"诱导"投资而披露非鉴证信息,都能够促进众筹市场信息治理效率。另外,正如前言所指出,发起者个人信息(教育背景、年龄、宗教等)、地域特征、收入状况都是众筹实证研究的关键变量。

自愿披露的信号价值可获得网络社交理论支持。通过将社会关系数字化,融资者便可以在互联网建立"人格化"的社交网络。社交网络其本质就是,筹资人使得社交朋友或所属群组在网络上为其能力"背书"。一些研究表明,社会资本可以在一定程度上弥补创业者抵押品不足的缺陷。Lin 等(2013)认为,投资者由于不能像专业投资机构那样搜寻和获得筹资人的信息,只能将筹资人的社交网络视为"声誉"或"信任"的信号,作为能够降低筹资人违约的担保。Freedoman 等(2014)认为,社交网络对融资成功率有着积极影响,能够降低信息不对称的影响。当然,社交网络不能作为揭示事后违约风险的完美信号。王伟等(2016)研究发现,筹资者的社会关系能够刺激投资,对众筹融资具有显著促进作用。对此,Zhang 和 Lin(2012)认为,已有投资群体或投资金额才能视为反映筹资人的网络声誉或社会资本指标。正如 Colombo 等(2015)发现,筹资者的社会资本可以在众筹项目前期产生吸引潜在的投资者效应。王伟等(2017)研究发现,筹资者社会关系能够刺激众筹投资。其实,社交网络信息已经被实践证明是一个具有可操作性的"背书"机制。通过社交网络挖掘行为人职业地位、财产状况、生活习惯已经成为大数据分析的"基本功"。

一些学者也积极探索社会网络视角下的农业众筹问题及其影响因素。如曾江洪和林海(2017)研究中认为,发起者教育、地域、知识产权等都可以作为农业众筹质量信号。类似的文献还有黄漫宇和李若男(2018)。诸如此类文献一方面普遍肯定发起者的信息披露具有积极意义,也无不提醒社会资本的揭示是一个价值信号。另一方面,在众筹领域,投资者可能面临着与传统金融环境异质的信息供给。虽然这些异质性信息丰富了投资者信息决策支持,但即时性和交互性的市场信息可能存在虚假和操纵的可能。如何甄别信息的真实性既是投资者必须考虑的因素,也是研究者应当关注的问题。

(六)述评

借助互联网技术,众筹有效地放宽了筹资者与投资者的距离约束,允许可以在更大,甚至全球范围内而非仅仅本地内搜索潜在投资者(Mollick,2014)。目前已有众筹相关研究涉及众筹内涵、众筹发展现状、众筹风险防控与治理等方面,涉及的类型涵盖了股权众筹、公益众筹、权益众筹、物权众筹等,较为全面。至于权益众筹具体项目的研究,林业、科技、农产品等都有前人的足迹。众筹文本挖掘材料通常包括项目描述文本与交流互动文本。项目描述文本是众筹创建者发布来吸引投资者注意的文字资料。项目互动文本是众筹参与者在交流互动过程中形成关于项目质量的观点和情感表达。广义地,文本信息可以分成客观性文本和主观性文本两种类型。客观性文本是人们对于事物或事件客观属性的陈述;主观性文本则是人们对于事物或事件主观价值的判断。低标准的信息披露机制使得无论是项目描述文本还是交流互动文本均呈现出显著的主观性文本非结构化或半结构化特征。因此,研究者需要接受行为金融理论指导,追究众筹信息文本特征对投资者行为的影响,探索众筹信息治理路径。针对农业众筹信息治理的研究其实也是丰富多彩的,缺陷主要表现为对农业众筹文本的主观性特征揭示不足,因而对于低标准披露机制理解缺乏针对性。

当前研究存在四个"狭小"。第一是农业众筹概念界定狭小。一些学者将农产品奖励来定义和理解为农业众筹典型代表,有意或无意地忽略其他众筹模式在农业经济的应用问题;第二是农业众筹信息披露文本范围狭小。低标准信息披露规则"容忍"某种程度的信息"管理"。因此,农业众筹信息文本存在非结构化或主观化倾向。对此,众筹信息披露系统提供多模块化构造作为补充。因此,专注于项目描述文本的研究存在"画地为牢"之嫌,结论难免偏颇。第三是农业众筹文本挖掘对象狭小。由于低标准披露规则下的众筹信息文本存在非结构化问题,因此关注文本的主观化特征应当是窥视农业众筹信息治理的窗口。第四是农业众筹文本研究支持资源狭小。当前众筹文本挖掘通常是基于西文语言环境的成果，对于国内众筹的研究还处于起步阶段，在理论依据、度量指标的选取等方面仍存在不足（王洪伟，等，2018）。究其原因，缺乏专门的资源库支持是一个重要解释源。

三、研究内容、研究方法与可能创新

（一）研究内容

由于众筹信息披露研究内容通常局限于项目描述文本，因而众筹交流互动文本的情感分析较少开展，从而导致研究结论可能存在某种程度的"以偏概全"。针对当前农业众筹信息治理研究存在的四个"狭小"问题，本书主张运用扎根理念、文本情感分析等文本挖掘方法，系统地开展项目描述文本说服和交流互动文本情感研究与分析，加深农业众筹信息治理的理解。需要指出的是，本研究的重点内容是揭示项目描述文本说服机制与交流互动文本情感变化的存在的关联方式。

1. 农业众筹信息治理研究框架

美国"JOBs法案"虽然为世界各国提供可供借鉴的模式，但也为众筹信息披露监管带来了独特的研究课题。低标准的众筹框架实质就是加强众筹平台的监管责任。一般地，众筹信息系统采取复杂的模块构件。各模块在功能定位、表现形式、表达方式、阐述内容等方面均存在显著差异。在此基础上，众筹系统还运行着投资者准入、"all-or-nothing"资金分配机制等制度。对此，本项目通过农业众筹信息治理框架分析，梳理出研究思路。

2. 农业众筹项目描述文本与投资者说服研究

由于众筹项目通常只是"承诺"未来交付的产品或服务，涉及未经证实的技术。众筹项目质量衡量通常要求决策者具有高水平的专业知识和经验。众筹项目文本描述是展示项目质量的关键手段，是初创者思想、认知与意志的体现场所（Hellmann，2007；Casamatta 和 Haritchabalet，2010）。那么，发起者在平台上展示哪些信息及如何展示才能够提高投资者说服效率，是一个值得探索的问题。虽然说服力属于传统研究主题，然而众筹说服效应具体机制仍不甚清楚（Allison 等，2017）。本研究采用扎根理论对农业众筹项目描述说服风格建模，据此试图识别投资者参与农业众筹的动因，以完善现有农业众筹描述性文本相关理论。

3.农业众筹评论文本情感管理研究

众筹交流互动不仅是投资者获取信息的渠道，也是表达观点与情绪的方式。那些缺乏经验和过于乐观的投资者不仅可能将资本引导到不良项目，而且可能使自己遭受彻底的欺诈。因此，远程投资者在不同程度地依赖他人、初创者的朋友和家人的投资决策信息，这些信息可能在早期投资中发挥重要作用（如 Rindova 等，2007）。作为文本挖掘的深层次应用，文本情感分析就是试图掌握文本的立场、观点、情感等主观特征。对此，本研究运用文本情感分析技术，从评论回复与项目描述说服角度，探索农业众筹评论文本情感管理。

4.农业众筹平台管理效能研究

按照低标准的信息披露规则，众筹平台需要在信息披露、尽职调查、警示教育、禁止利益冲突等方面承担相应责任和履行相应义务。不过，目前监管层尚未出台众筹信息披露细则，大部分平台也未强制要求融资者披露项目及自身信息。虽然现行众筹平台普遍根据金融监管和行业标准构建相应的投资者准入、"all-or-nothing"资金分配机制、信息披露审核等制度，然而在声誉、规模、管理水平与职业判断等方面仍可能存在微妙的差异。此研究对于构建具有可操作和可借鉴的众筹信息披露细则具有理论指导意义。研究结果可以加深大众对众筹平台管理效能的理解，促进众筹在我国更健康、更好、更高速地发展。

（二）研究方法

1.文本情感分析

文本情感分析的主要任务是对新闻资源、媒体评论等带有情感色彩的主观性文本进行提取、分析、处理、归纳和推理。按照研究内容,情感分析包括情感倾向与情感程度两个方面的文本挖掘。前者也称情感极性,就是判断文本所持情感是正面、负面或中性;后者则是指文本情感强弱的测量与评价。虽然文本情感分析在计算语言学、数据挖掘和人工智能等领域得到广泛应用,然而情感分析在众筹领域仍属相对前沿,存在众多主题需要探索。本课题组运用文本情感分析法对农业众筹交流互动评论文本进行研究。

2. 扎根理论研究法

农业众筹项目描述文本说服研究不仅没有建立成熟的理论体系,也缺乏经验数据支持。因此,本研究主张运用扎根理论进行测量维度提取。扎根理论是由 Glaser 与 Strauss(1967)创立,强调在资料中查找概念,发掘概念间的建构与联系,萃取理论的定性研究方法。本书应用扎根理论的目的在于归纳并演绎农业众筹项目描述文本说服过程,辨识期间概念与范畴之间的关联,构建相关理论模型。

3. 大数据分析法

由于农业众筹是基于互联网的金融行为,因此企业家和投资者的许多行为都留下了一系列可追踪的网络印记。这些数据中包含了风险特征、创业特征、投资者历史、投资决策、基于平台的通信以及许多其他特征,从而为大数据技术应用提供便捷。为此,本书拟将大数据抓取与计量经济分析方法研究方法相结合,为农业众筹信息治理实证提供数据支持。

4. 多层线性回归分析

在现行信息披露规则下,众筹平台在信息披露、尽职调查、警示教育、禁止利益冲突等方面履行相应的法定义务和承担相应的责任。因此,众筹平台因素往往是众筹研究需要考虑的。对此,本书将构建多层线性回归模型解决跨平台抓取导致的"数据嵌套"问题,研究众筹平台信息管理机制。

5. 情感词典研究法

情感词典研究法基本原理就是,通过与情感词典的词汇相匹配,研究者寻找文本的情感关键词,从而判断文本的情感倾向。根据构建方式,情感词典可分为人工构建和自动构建。随着情感词典研究方法的不断改进,研究精度也不断得到提升(Paltoglou等,2012)。事实上,引用率较高的众筹文献多使用情感词典技术。研究表明,中文情感词典在体育、商品评论以及影视评论等领域得到应用。虽然文本挖掘在金融产品量化交易等领域得到应用,而在众筹领域仍存在众多主题需要探索。然而在众筹领域,可供借鉴的通常是基于西文语义环境的建模。

6. 机器学习研究法

机器学习的文本挖掘就是通过测试文本的特征向量提取,从而获得文本分类模型(洪巍和李敏,2019)。根据分类算法,机器学习可分为朴素贝叶斯(Naïve Bayes,NB)、最大熵(MaxEnt,ME)、向量机(SVM)的研究。虽然机器学习研究精度较高,但在农业众筹研究领域应用并不广泛。本项目主要使用机器学习进行项目描述文本分析与交流互动文本情感分析。问题在于,与英文的情感词典资源相比,中文的情感词典资源不仅存在覆盖率较低的问题(张克亮,等,2016),而且对于语境、语义的理解能力仍有待检验和改进(陈永恒,等,2015)。

(三)研究创新

尽管众筹是一个低标准信息披露规则的资本市场,然而众筹研究者沿用的仍是传统金融研究范式,倾向追究信息的客观性与决策的有效性问题,而且所构建的众筹实证框架其实存在一定程度的相似与雷同,且众筹信息的主观性问题缺乏关注。本书认为,当前农业众筹信息治理研究不仅需要复杂的研究技术应用,还需要研究方法的创新。与现有文献相比,本书力图在几个方面做出拓展。

概括而言,本研究的可能创新体现在以下几个方面:

1. 拓展众筹信息治理研究视角

在"似乎总是充斥着不切实际的、带有欺诈色彩的融资产品"的众筹市场,行为金融视角可能更有利于理解众筹资本市场信息治理问题。尽管众筹投资者搭便车行为已经得到研究者的关注,然而初创者的认知偏误问题似乎尚未吸引研究的注意。众筹研究者态度固然可以归结为投资者权益保护意识,不过当前研究结论可能存在某些"片面性"。对此,本书是基于博弈框架的认知偏误视角,以众筹信息文本挖掘为切入点,对众筹融资市场的信息甄别与匹配效率进行评价;具体地研究异质的信息源变量对投资者参与农业众筹决策的影响以及对筹资人机会主义行为的预测。

2.构建众筹信息治理研究框架

尽管前期一些研究强调众筹信息文本挖掘的可行性与必要性,然而研究者通常只是根据兴趣与能力专注于众筹项目描述文本,而且可供借鉴的文献通常是基于西文环境的建模。通常而言,语言、生活、风俗等因素是行为金融研究的关键变量。因此,众筹的文本挖掘研究需要考虑语言环境。不同于其他众筹研究,本书的众筹文本挖掘是基于整体框架的建模。整体框架建模需要解决动态的交流互动文本与静态的项目描述文本融合问题。

3.创建众筹信息治理技术指标

本研究拟从资本市场认知偏误视角构建众筹评价技术指标。首先,由于缺乏机会和能力开展尽职调查,众筹投资者倾向跟随已获投资项目。本项目拟从投资者信息敏感度创建众筹投资者认知偏误评价指标。其次,从众筹项目描述文本的情感分析角度构建众筹初创者认知偏误的代理变量。本项目的贡献在于为众筹项目描述情感变量赋值建模。再次,本项目构建项目质量指标作为资本市场理性决策代理指标。

4.研究方法得到改进

具体表现为两个方面:其一是自然语言处理方法的应用。虽然大数据技术在众筹研究领域得到广泛应用,然而相关研究的文本挖掘深度总体上有所欠缺,而且实证框架具有某种程度的相似性。自然语言处理应用可以在一定程度上改善研究结论。其二是多层线性模型的应用。在现行信息披露规则下,众筹平台在信息披露、尽职调查、警示教育、禁止利益冲突等方面履行相应的法定义务和承担相应的责任。因此,众筹平台因素往往是众筹研究需要考虑的重要变量,也是当前研究所欠缺的。对此,本书将构建多层线性模型解决跨平台抓取导致的"数据嵌套"问题。

第二章　理论框架构建

作为具有创新性的互联网融资模式,众筹有着门槛低、受众面广、交易便捷等优势。众筹可以帮助初创者获得有价值的创业信息,从而规避一些线下金融交易的障碍。在传统的证券市场,强制信息披露制度历来充当着投资者权益保护的"防火墙",然而,强制性信息披露制度在众筹领域明显缺乏效率。传统经济学理论假设市场交易双方都具有完全的信息,然而信息不对称理论认为,市场的买卖主体不可能完全占有对方的信息,这种信息不对称必定导致信息拥有方为谋取自身更大的利益而使另一方的利益受到损害。为此,本研究将从信息不对称和认知偏误视角阐述农业众筹信息治理研究框架的构建。

一、农业众筹信息治理框架

不对称信息是农业众筹治理的核心问题。在众筹领域,不是每一个投资者都有动机与能力约谈项目发起者,详细地了解项目的细节。由于投资者的专业化程度不高,经验欠缺,不足以应付项目尽职调查,众筹融资者需要费心地向资本市场展示项目,让投资者了解项目的价值,因此,降低众筹信息不对称对于投资者和融资者双方都具有重要的意义。如何减少众筹投资者对融资项目的信息不对称以及由此引发的逆向选择,是众筹成功的关键。具体而言,可以从信息披露系统、信息披露监管、资金分配机制与虚拟社区来理解众筹信息治理。

（一）农业众筹信息治理系统

一个完整的农业众筹过程或系统通常有三大参与主体（见图2-1）：筹资者（项目发起者）、众筹平台、投资者（项目支持者）。发起方是在众筹网站上筹资的个人或组织，既可以是产品创新者，也可以是艺术家、电影人、音乐人、作家，甚至是拥有创意和梦想的其他个人。投资者在某种意义上又可称为前置消费者，是那些愿意投资还未面市的产品或服务的人群。众筹平台则是沟通支持者参与新产品或服务前置消费的重要渠道，也是发起者公布其创意项目的场所。

支持架构运行的是众筹信息披露系统。在传统资本市场缓解信息不对称的对策大致有三类方式：其一是由专业化机构或公司负责收集、整理和评估相关资信，然后有偿或无偿地提供给市场投资者。其二是由政府监管部门强制筹资者进行披露的财务或非财务信息。其三是由于市场运行机制鼓励筹资者自愿进行信息披露。从某种意义上说，资本市场对众筹信息的披露要求介于二与三之间。在低标准框架下，众筹参与者关系具有以下一些基本特征：(1)项目发起者在资金募集阶段仅提供目标产品或服务的描述和质量承诺（Belleflamme等，2011）；(2)在收集预付资金之后，项目发起者将按照承诺进行产品生产或服务提供（Belleflamme等，2011）；(3)众筹投资者需要比一般消费者花费更多资金用于购买产品或服务（赵宇翔和陈立，2016）；(4)众筹投资者享有特权，在社区中，他们不仅可以投资，还享有表决权（Belleflamme等，2011；Hsu，2007；Dutta，Folta，2015）。

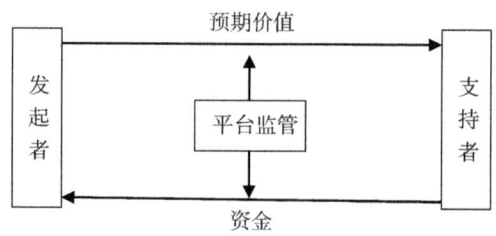

图2-1 农业众筹系统结构与要素

（二）农业众筹信息披露内容

在农业众筹相关产品或服务之前，项目质量是不可观测的，因此在低标准的信息披露框架下，可能的欺诈、不切实际的投资预期以及缺乏经验的创造者等问题令人感到焦虑和不安（Hazen，2012；Griffin，2012）。众筹者通常依靠众筹平台所披露的某些信息来评估项目质量和前景（Shane，Cable，2002）。通过研究众筹平台传递的产品的技术可行性、市场的成熟性、管理的可靠性的信息，支持者增强了对创始人履约能力的判断能力（Mollick，2014）。最近的研究已经开始讨论不同的信号如何在缓解信息不对称方面产生不同的影响，形成了对信号相互作用的研究学派，并提出了各种补救机制来缓解信息不对称问题（Amit 等，1990；Dutta，Folta，2015）。研究已经为信号如何向潜在投资者披露有关公司前景的信息提供了见解（Hsu，2007）。根据内容的不同，众筹平台披露的信息可以广义地概括为四个模块（见表2-1）：项目描述信息、项目管理信息、项目资质信息、项目进程信息和项目互动信息。

表 2-1　农业众筹信息披露框架

类型	内容	代表性内容
描述信息	农业众筹项目筹资目标、用途、周期等信息	筹资目标
管理信息	农业众筹项目的初创者和团队的创业经验和人力资源状况信息	教育背景
资质信息	由第三机构授予的关于项目声誉、征信、质量等证明信息	专利
进程信息	由众筹平台根据农业众筹销售数据形成图表或文字信息	支持率
互动信息	农业众筹投融资双方的在线评论与回复等文字信息	评级

媒体的使用是初创企业者发布信息的一项重要行为（Mollick，2014）。项目描述信息是创业者向潜在投资者传递关于农业众筹项目的视频、图片或文字（Mollick，2014）。创建者通过发布关于项目的详细描述来投射他们的想法以吸引投资者的关注。然而，随着信息技术的进步，制作视频或创建图像的货币支出可能微乎其微，因此低质量农业众筹项目可以模仿高质量农业众筹项目的视频和图像。按照信号理论，只有模拟成本高昂的信号才能产生显示效应

(Fischer,Reuber,2007;Spence,1973)。可见,项目描述信息不是严格意义上的有效信号。

当投资者对项目可行性存在疑虑时,初创企业所拥有的独特特征或资源也可以作为项目质量的有力信号。研究发现,如果创始人在成功启动和管理农业众筹项目方面有经验,那么其承诺将变得更加可信(Hsu,Ziedonis,2013)。因此,农业众筹经验信息就成为一个重要披露内容。另一重要管理信息是初创企业的人力资本(Beckman等,2007;Gompers等,2008)。研究显示,企业家教育背景(Ahler等,2012)、管理团队特征(Hsu,2007)和董事会治理(Sanders,Boivie,2004)等都可能增加初创企业获得外部资本的可能。实际上,风投们也经常把企业家与创始团队的教育背景,以及以往成功经验视为质量的有用信号(徐志远,2007)。相比于那些由初创者自举信息,第三方认可的资质信息更可作为初创企业或产品的质量信号(Stuart等,1999)。通过第三方认可的资质信息,支持者更加容易形成关于众筹项目质量和创始人信誉的判断(Hsu,2004;Plummer等,2015),如专利(Hsu,Ziedonis,2013)就是一个典型代表信息。

项目互动信息是农业众筹投融资双方在评价与回复过程中形成的在线文字材料,是农业众筹参与者对项目质量表达观点的结果。通过在农业众筹社区的互动,投资者参与那些"令人兴奋的创业冒险"(Schwienbacher,Larralde,2010)。实际上,消费者的在线评论可能包含有关产品特性和功能的信息。这些信息有助于潜在买家做出购买决策(Chen,Xie,2005;Zhu,Zhang,2010)。研究表明,与初创者个人或组织的积极讨论,可能有助于减少初创企业和潜在农业众筹者之间的信息不对称。不仅如此,农业众筹支持者的评论可能会减少信号之间的相互干扰。由于项目支持方是产品的潜在早期客户,支持者的看法和意见可被视为影响他人看法和意见的同行评价(Rindova,Petkova,Kotha,2007)。黄玲等(2015)证明,项目所获得的点赞数和查看数越多说明项目的质量越高,会拥有更高的融资完成率。

农业众筹进程信息是根据农业众筹销售数据形成了统计图表信息,也是农业众筹特色信息。Tucker和Zhang(2012)证明,农业众筹销售报告信息对投资决策具有重要影响。个体农业众筹投资者更可能会依赖其他人的投资决策,而不是基于个人层面的尽职调查。特殊的融资模式使得潜在支持者更容易受其他投资者行为的影响。初步证据表明,农业众筹投资者将他人的决定作为项目质量的信息信号(Zhang,Liu,2012)。因此,众筹平台必须保持创始者过往项目的记录。这些记录对潜在的支持者来说是可观察且不能被操纵的。

(三)农业众筹信息披露监管

有观点认为,众筹信息披露监管存在以美国为代表的"公募"与以英国为代表的"私募"两种模式(傅穹,杨硕,2016)(如表2-2所示)。"公募"模式允许公开发布信息,而"私募"模式则持否定态度。在投资额限制方面,"公募"与"私募"有所侧重。普遍观点是,"公募"模式更加契合众筹的"草根"特征,也更具效率,但众筹平台的投资者保护责任通常更大。在众筹准入制度设计方面,世界各国众筹平台须获得金融或证券监管机构注册或许可(樊云慧,2015)。实行注册制的国家主要有美国和法国等。实行许可制的国家主要有英国、新西兰和澳大利亚等。无论是注册制还是许可制,普遍要求股权众筹平台或其运营机构具备一定的准入条件。准入条件包括适当性、能力、运营基础设施、财务资源、治理结构以及赔偿保险等。

表2-2 世界各国众筹平台监管

代表国	监管制度	管理机构	营运模式
美国	注册制	在美国证券交易委员会(SEC)	经纪商
法国	注册制	在法国金融市场监管局(AMF)	咨询
意大利	注册制	意大利全国公司及证券交易委员会(Consob)	专门机构
英国	许可制	英国金融行为监管局总局(FCA)	中介
新西兰	许可制	新西兰金融市场局(FMA)	专门服务
澳大利亚	许可制	澳大利亚证券和投资委员会(ASIC)	交易所

总体上,以美国"JOBs"法案为指引的众筹框架实质就是众筹平台被设计为众筹信息的"背书者",履行投资者保护的"主体责任"。实践中,域外众筹平台

往往声明对发行人提供的信息不做真实性审查,也不为平台上发行人所提供的虚假信息负责。在低管制的众筹制度环境中,既然强制性信息披露无法实现投资者保护,那么建立投资门槛同样不能控制市场欺诈风险。在高风险的众筹行业,如果仅仅满足于投资监控肯定是不充分的制度设计。严苛的投资准入可能导致众筹市场的萧条甚至消亡。

需要指出的是,中国证监会倾向于"私募"模式,规定众筹只能对"合格投资者"开放,融资者只能以非公开方式进行信息发布,主张对平台实行许可制,并提出了注册资本要求。所谓合格投资者,根据《私募投资基金监督管理暂行办法》相关要求,投资人资格要求"金融资产不低于300万元人民币或最近三年个人年均收入不低于50万元人民币的个人"等条款。另外,根据我国现有《证券法》相关规定,证券信息发布平台对融资信息的真实性负有相应审查义务。可见,我国众筹平台需要承担"法定"的额外义务与责任。

(四)农业众筹资金分配机制

传统投融资决策通常以个人关系和尽职调查为基础,借助于面对面的互动以应对高水平的风险、不确定性和信息不对称。然而众筹投资者几乎没有动机进行谨慎的尽职调查。相反,众筹投资者是通过观察其他投资者行为进行决策。为了应对市场缺失问题,众筹平台普遍采用"预设点机制"或者"all or nothing"资金分配机制。

与其他行业众筹类似,在农业众筹领域内,"预设点机制"或者"all or nothing"是几乎所有众筹平台乐于采取的资金分配模式。根据众筹通行规则,如果农业众筹项目能够在众筹活动结束时达到预见的目标,那么创业者将获得支持者的资金;如果农业众筹项目在活动结束时未达到融资目标,那么创业者将不会收到任何资金。具体来说,创建者只有在某个时间段内达到(或超过)资金阈值水平的"预设点机制(provision point mechanism)"(Bagnoli 和 Lipman,1989)时才会收到资金。研究表明,众筹市场的搭便车行为使参与者越多的项目吸引支持者的能力更强,进而导致项目优势的累积,甚至可能随筹资活动结束的临近而加剧(Zhang,Liu,2012)。京东众筹平台项目如果失败,资金会原路返回给投资人;如果成功,平台会扣取所筹款项的3%作为平台运营的手续费,剩余资金中的70%作为首款成为项目发起人的启动资金,而30%的尾款在项目发起人履行项目回报后交付,未按时完成回报会被处以相应罚金。

(五)农业众筹交流互动平台

本质上,众筹在线平台就是一个虚拟社区。网络集群行为研究表明,网络的空间聚集容易导致个体在认知、情感或信念等产生趋同效应(王林等,2018)。这说明社会网络能深刻地影响个体态度的改变。个体所处的社会网络是影响个体态度的一个重要因素(Huckfeldt等,2004)。Levitan和Visser(2008)发现当反态度信息中的论据是强论据时,具有多样性观点的社会网络中的个体比态度同质性社会网络中的个体更可能审慎地处理相关信息。

众筹支持者正是通过众筹平台社区参与"令人兴奋的创业冒险",以及拓展与其他支持者的关系网。事实上,投资者从成为创业计划的一部分的感觉中获得消费价值。遗憾的是,尽管由众筹平台连接的创建者和支持者在线社区快速增长,但人们对这一新社区现象的理解是有限的。综观国内外文献,虚拟社区感作为解释虚拟社区的重要构念引起了一些学者的关注(Tonteri等,2011)。Sarason(1974)最早提出了社区感构念,强调社区成员之间情感以及成员对社区情感的重要性。尽管当前关于众筹社区感和价值共创等问题研究缺乏深度,然而众筹社区概念成为一个兴趣主题也是理所当然的。

在线评论与讨论通常是农业众筹社区研究颇感兴趣的切入点。农业众筹在线平台为初创者提供了一个专门设计的环境,使得初创者可以展示他们的创意、规划他们的商业计划、概述他们的资金使用,并直接向一个在线投资者社区推销他们的项目。在农业众筹社区,项目发起人可以进行预热宣传与市场需求检验,提升了社会价值与项目成功的可能性;潜在投资者与用户可以表达对于项目的创意、需求与期待,增加用户黏性。农业众筹社区中的讨论、评价、态度、信息等对企业营销与产品广告都有很大价值。农业众筹虚拟社区能够为初创企业提供市场信息搜集,加深顾客需求理解,提高产品和服务个性化水平提供便捷。研究表明,与初创企业相关的个人或组织的积极沟通与评价,可能有助于减少初创企业和潜在众筹者之间的信息不对称。初创者可以利用众筹社区估计消费者的支付意愿(Ward,Ramachandran,2010)。研究者发现,由于具有向消费者提供增强体验的优势,因而众筹允许初创者实行价格歧视,并从消费者剩余中提取更大份额。尽管众筹社区的发展为企业营销活动搭建了新型的信息平台,帮助创建者开发出用户需求的未来产品,但投资者反馈信息所具有的价值仍是一个悬而未决的议题。

通过众筹平台,众筹者享有以社区为基础的体验,从而为他们提供与其他消费者或投资者相关的额外社区利益。有的众筹社区还提供众筹评测系统,经过平台筛选,项目发起人可以免费为用户提供试验产品,由用户提交体验报告,这是提升用户需求满足感的重要手段,有助于产品的优化改良。Paul 等(2012)研究表明,通过价格歧视,最愿意支付的个人成为众筹者。由于他们愿意支付额外的费用,从而享受非货币性的社区福利,结果他们支付的费用超过了等待产品上市的消费者。

二、农业众筹的认知偏误

(一)农业众筹资本市场的认知偏误

来自心理学研究表明,在不确定的信息环境中,人们通常根据主观感受而非客观信息建立起认识模式。根据 Richwood 等(2010)的理论,认知偏误可被大致地概括为个体过高估计自身能力和技能对随机事件结果发生概率而产生的控制幻觉(表2-3)。在脑力能量不足或脑力过度消耗的信息处理环境中,个体更易出现直觉和启发式加工(Masicampo 等,2008)。前景理论指出,风险决策中的个体会选择那些违反效用最大化、与自身偏好不一致的非理性决策。认知偏误(cognitive bias)理论描述了人类决策的非理性特征,是行为经济学的重要组成部分。

大量的研究表明,特殊的创业环境导致创业决策容易受到认知偏误的影响。Ward(2004)的研究认为,人类个体在处理和使用自己知识的方式和方法可以影响个体机会发现的概率。Baron(1998)和Mitchell等(2007)的实证指出,有些个体之所以可以识别其他个体不能识别的机会,是因为他们的认知框架具有特殊的地方。Baron和Ensley(2006)的研究表明,特殊的认知框架帮助创业者发现那些似乎没有关联的趋势、变化和事件之间的内在联系。Shane和Venkataraman(2000)则认为,为了能够识别特定创业机会,创业者必须已经积累与新信息互补的先验知识。总之,普通投资者可能是无法有效地识别那些"创意"的商业价值的。

尽管创业者在风险承担方面与非创业者没有显著不同,但创业者在决策中更多地依赖于启发式,而非分析式和系统式思考,因而更可能高估潜在收益。Busenitz和Barney(1997)认为,在创业者的认知过程中,快捷的认知方式是很重要的,让创业者抓住机遇。Baron和Ensley(2006)的研究也暗示,认知偏误帮助创业者识别机会,发现那些初看来似乎没有关联的趋势、变化和事件之间的内在关系。随着研究的深入,学者对创业认知偏误的认识取得了长足进展。如Krueger等(2000)研究指出,认知偏误能够影响创业者对创业选择值得性和可行性的知觉。创业者之所以选择创业,可能是因为认知偏误使得某些人高估创业成功的概率,或者降低了对创业风险的感知。因此,"不切实际的,带有欺诈色彩的众筹融资产品"并非总是创业者故意的"欺诈",或许只是创业者认知偏误使然。Corbett(2005)认为,尽管启动创业需要认知偏误,但随着新创企业的日益成熟,创业者可能会因此感到困惑和力不从心。

表 2-3 资本市场认知偏误一览表(部分)

类别	偏误	描述
决策偏误	风险厌恶	决策时倾向避开资讯不足的选项
	锚定效应	为不熟悉的事物估值时,会把熟悉的类似事物当作"锚"
	可得性偏误	容易想到的事,其发生概率会受高估
	规划谬误	低估完成一件事需要的时间
	从众效应	倾向做很多人做的事或相信很多人相信的事
	确认偏误	关注、寻找、诠释、记忆资讯的方向多半是能确认自己成见的方向
	选择偏差	对自己先前选择的评价会比实际上更好
	框架效应	同一资讯以不同方式呈现会带来不同解释与效应
	后见之明	在事情发生或发展后,以为自己事前就能预测其发生与发展
决策偏误	控制的错觉	高估自己对外在事件的影响力,但实际上可能与自己毫无关系
	过度自信	过度相信自己回答、决策、判断的正确性
	乐观偏误	低估负面事件发生在自己身上的可能性
	购后合理化	购买后把之前的购买决定合理化,即使买下的产品太过昂贵或发现瑕疵
	支持创新	对新技术过度乐观,高估其实用性,忽视其限制及弱点
	信念偏差	由于相信结论,而认为推理出该结论的过程是有道理、合逻辑的
	聚类错觉	聚类错觉产生的原因是人们倾向于从随机事件中找出某种规律
社会偏误	熟悉偏误	低估采用熟悉路线的时间,高估采用陌生路线的时间
	团体迷思	在决策过程中,成员倾向让自己的观点与团体一致
	洞悉的错觉	认为自己很容易被他人看透,或认为自己很容易看透他人
	投射偏差	不自觉地以为他人和自己有相似的情感、思想与价值观
	一致性偏差	记忆中他人过去的态度与行为会变得像目前的态度与行为
统计偏误	小样本不敏锐	评估统计数据时,未考虑小样本比大样本更容易观察到极端结果
	赌徒谬误	某事多次发生则认为未来发生概率会较小,多次未发生则认为未来发生概率会较大
	优于常人效应	高估自己的优点,低估自己的缺点

说明:根据相关资源整理

创业者认知偏误是情境的。正如 Baron(1998)所指出,创业者之所以使用各种认知偏误,与创业者所遇环境特征有关系。环境的变化对创业学习具有重大影响。传统学习理论认为,应对认识偏误的最佳方式就是学习。然而,资源的稀缺性要求创业者协调运用学习。不过,认知偏误可能干扰创业者"干中学"的效率。一些创业承诺也可能是创业者"过度自信"的想象,甚至前后证明是错误的承诺。如 Jung(1977)就曾指出,外部环境和内在的性格往往有利于一个机制,而限制或阻碍其他机制,占主导地位的一个学习机制自然就产生了。创业过程的"因—果"逻辑不确定,因此,创业学习任务(或过程)具有模糊性。在不同阶段,任务不完全相同。在前创业阶段,创业学习着力帮助创业者识别或捕捉机会,形成创业意愿;在后创业阶段,创业者不仅需要学习如何在组织和管理萌业时,克服那些因为"新"而带来的传统型"障碍"(liabilities of newness)。需要指出的是,由于创业者可能需要同时面对多项进展不一的萌业,因此,识别和捕捉机会学习同样重要。换言之,在后创业阶段,创业者不仅需要优化现存的"手段-目标"关系,也存在探索新的"手段-目标"关系的必要。

(二)农业众筹投资者的羊群行为

对于众筹而言,满足投资者的需求,从而吸引资金支持是成功的关键。与一般意义的消费不同,大部分众筹承诺的产品或服务具有成熟度低、品味小众、风控不完善等特征。参与众筹者在决定投入资金时,也承担了与之相关的风险。因此,支持者行为或角度研究对于提升众筹成功率和融资额尤为重要。Catalini 和 Goldfarb(2011)研究发现,尽管企业家和投资者之间的地理距离有所增加,但在早期融资阶段远距离而非本地投资的时机对其他人的投资决策非常敏感。农业众筹搭便车行为随筹资活动结束临近而加剧(Zhou 等,2018;Agrawal 等,2014),从而导致农业众筹市场的羊群行为(Agrawal 等,2014)。农业众筹市场失灵的一个来源是由于搭便车问题。这种机会主义行为对评估创业公司的潜力提出了进一步的挑战。

众筹羊群行为表现为投资倾向随着前期投资资本的积累而增加(Agrawal,Catalini,Goldfarb,2011)。具体而言,研究者概括若干众筹行为特征:(1)截止日期效应。Mollick(2014)将众筹羊群效应描述为截止日期效应,即在临近众筹项目最后期限之前投资人才选择投资项目。截止日期效应普遍存在竞拍活动。

观察表明,通常在截止时间的前一段时间会出现较多竞拍者。个体众筹投资者的投资倾向随着积累的资本迅速增加(Agrawal、Catalini、Goldfarb,2011)。在筹资活动结束前,这种加速尤其强劲(Zhang,Liu,2012),由于人们认为目标即将实现从而降低个人的出资倾向(Kuppuswamy,Bayus,2013)。由于投资人的截止日期效应,众筹发起者可以选择在临近项目结束时提高更新项目频率。(2)朋友和家庭资金在众筹筹资的早期阶段起着关键作用。由于规模小且地域分散的众筹投资者几乎没有机会和能力展开尽职的调查(Mollick,2014),试图模仿他人尽职调查(Agrawal等,2014),因此,远程投资者在不同程度上依赖他人在投资决策中披露的信息,这些信息可能在早期投资中发挥重要作用。在此机制下,发起者朋友和家庭在筹资早期进行投资,通过积累资本为后来的筹资者产生信号(Agrawal,Catalini,Goldfarb,2011)。一些研究者强调,前期投资对后期投资具有暗示作用,最终可能引发众筹的市场效应。(3)投资者对于众筹结果过于乐观。Mollick(2014)发现,超过86%的资金来自距离企业家60英里以外的个人,创建者和投资者之间的平均距离约为3 000英里(Agrawal,Catalini,Goldfarb,2011)。曾江洪等(2018)认为,支持者只关注融资成功项目,不关注融资失败项目。那些缺乏经验和过于乐观的投资者不仅可能将资本引导到不良项目,而且可能使自己遭受彻底的欺诈。曾德国和张风军(2016)认为,消费者在众筹购物中可能存在对产品理解偏差,风险态度对消费者在众筹购物中具有一定的调节作用。(4)资金严重尖峰现象。在严重信息不对称和制度配套不健全的众筹情形下,资金配置往往无效率。研究表明,2006年至2009年,尽管61%的创建者没有筹集任何资金,但约0.7%的创建者所筹资金占总筹集资金的73%以上(Agrawal,Catalini,Goldfarb,2011)。同样,Kickstarter的结果也存在很大偏差,甚至对成功资助项目的样本进行了调整:1%(10%)的项目占36%(63%)的资金(Agrawal、Catalini和Goldfarb,2013)。

不过,亦有学者(如:Burtch等,2013;王念新,等,2016)发现,已有的出资者人数和出资额度在特定场景中能够负向影响潜在出资者的动机。对此,王念新等(2016)提出众筹责任扩散效应问题。所谓责任效应是指当个体感知到较多旁观者存在时,其采取干预行动的可能性就会下降(Darley,Latane,1968)。

责任扩散理论对于一些利他行为具有一定的解释能力。Fischer(2011)发现,如果行为人意识到自己的帮助对于被帮助者很重要,那么就会增加自己采取行为的责任感。Caplan 和 Hay(1988)的研究发现,人们如果认为帮助应该由更有能力和经验的人提供,那么自己采取行动的概率会下降。众筹研究使用已有出资信息作为潜在出资者责任感的代理指标,试图检验众筹市场的行为理性。王念新等(2016)研究发现,捐赠类和回报类项目出资者均表现为责任扩散的旁观行为,但是其决策行为受到不同变量的调节效应。刘晓峰(2019)初步认为,羊群效应和责任扩散效应是在筹资的不同时期所发生的动态变化。钱颖和朱莎(2017)认为,众筹的羊群行为与行业有关。

三、一个理论框架:基于价值共创

众筹是一种为各种新企业提供资金的新方法,允许项目创始人在项目的早期阶段向社会公众个体请求资金资助(Kuppuswamy,Bayus,2013;Belleframme 等,2014)。作为交换,支持者通常是为了获得与项目相关的未来的产品或权益。由于众筹可以在更大范围内搜索和匹配投资者,因此众筹融资成本往往相对较低。低成本网上搜索使得初创者能够与那些最有意愿的投资者匹配,从而形成更加稳定的委托代理关系。与其他传统融资方式相比,众筹的一个显著特点是在一定程度上消除地理限制(Agrawal 等,2010;Stuart,Sorenson,2003)。传统创业投资模式往往受到地理位置的限制,如投资监控(Chen 等,2009;Stuart,Sorenson,2008)、产业集群(Feldman,2001;Owen Smith,Powell,2004;Owen 等,2004)等。在线平台似乎可以消除大多数与距离相关的经济摩擦(Agrawal 等,2010),这与之前关于互联网有助于克服线下交易障碍的零售和广告研究结论是一致的(Choi,Bell,2010;Goldfarb,Tucker,2010)。需要指出的是,在线平台并不能彻底地消除与社会相关的经济摩擦。表面上,网络技术使全球各地的企业家都能获得资金,但事实上,互联网"人人平等访问"的潜力受到限制,只有那些拥有足够的离线支持基础的初创者才能做到这一点。因此,信息治理是农业众筹研究的永恒主题。

对此,基于价值共创假设与认知偏误理论,本研究构建农业众筹信息治理研究框架(图2-2)。传统观点认为,生产者是价值的唯一创造者,消费者则是价值的被动接受者。但价值共创理论则认为,消费者可以从价值的被动接受者成为价值的共同创造者。共创价值(value co-creation)理论为农业众筹行为与关系提供了新颖的解释路径和诠释模式。不仅如此,本框架强调,认知偏误是理解农业众筹信息治理的关键变量。正如Mitchell等(2007)所指出,有些人之所以可以识别他人不能识别的创业机会,是因为他们具有一些特殊的认知框架。认知框架的差异也决定了众筹投融资双方沟通的困难。即使初创者愿意真诚披露,解读者也可能存在能力缺失的问题。不仅如此,认知偏误可能干扰初创者"干中学"。一些创业承诺也可能是创业者"过度自信"的想象,甚至前后证明是错误的承诺。总之,普通投资者可能无法有效识别那些"创意"的商业价值。

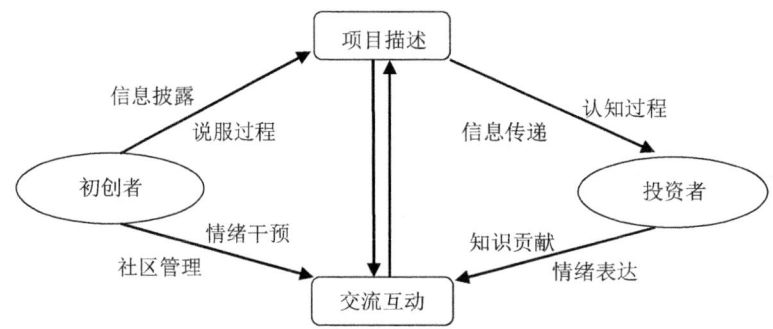

图 2-2 基于价值共创的农业众筹信息治理研究框架

第三章 基于价值共创的农业众筹信息治理实证

农业众筹因其产品设计和生产过程的特殊性而需要相应的制度安排和资金支持。然而,地理分散的网络交互成员间缺乏面对面的情感交流机会,也难以形成维系彼此信任关系的正式规范。如何针对支持者异质性动机设计相应激励机制是一个极具理论与现实意义的研究课题。前一章从价值共创视角提出农业众筹信息治理研究框架。框架的核心思想是价值共创非"零和博弈"引领着农业众筹行为者关系。与此同时,框架强调认知偏误干预了农业众筹市场效率与价值共创行为。本章从网络交互满意与众筹信任感知视角,试图研究农业众筹信息治理问题。

一、理论回顾与研究假设

(一)理论回顾

在某种意义上,众筹是一个由虚拟社区驱动的价值共创行为(Quero等,2015)。虚拟社区是人们围绕共同兴趣的在线交流互动的载体。在虚拟社区领域,价值共创是一个前沿与热点主题。价值共创是顾客和企业在互动中对各自提供的资源进行整合,最终实现创造价值的活动(Payne等,2008)。Prahalad和Ramaswamy(2000)认为,共同创造消费体验是价值共创的核心。Vargo等

(2008)则认为,操作性资源的服务交换可以实现共同的价值创造。对此,武文珍和陈启杰(2017)在文献综述基础上提出了"基于生产者逻辑"和"基于消费者逻辑"的价值共创过程模型。Zwass 和 Vladimir(2010)提出基于顾客与顾客交互的"自发价值共创"和基于顾客与企业交互的"发起价值共创"两个构念。

关于众筹的价值共创,正如一些研究所发现,初创者可以利用众筹社区传播产品信息,提高消费者意识,估计消费者的支付意愿(Wang 等,2018)。Stanko 和 Henard(2016)甚至认为,众筹最重要的目的不是筹集资金,而获得支持者反馈与创意。当前,一些研究者正试图加深对虚拟社区价值共创的理解。例如彭晓东和申光龙(2016)分别讨论 Zwass 和 Vladimir 的价值共创模型。在某种意义上,众筹价值共创外延大致地归结为 Zwass 和 Vladimir 的"发起式价值共创"范畴,其内涵契合武文珍和陈启杰的"基于生产者逻辑价值共创"概念。据此,本书认为,众筹价值共创可定义为:众筹发起人根据战略目标,利用网络交互机制,试图与支持者共同创造价值的过程。

为了能够更加深入地把握众筹价值共创,学者纷纷主张从参与者动机开展分类研究。例如刘征驰等(2017)研究认为,"尝鲜价值"动机有利于发起人定价歧视,而"参与价值"动机便于发起人产品创新。曾江洪等(2019)从产品创新角度将众筹价值共创细分为共同策划、共同设计、共同测试和共同推广。Quero 等(2015)建议将众筹价值共创分为:共同构思、共同评估创意、共同设计、共同测试、共同发动、共同投资、共同消费和共同署名。总体而言,当前关于众筹价值共创的研究仍属于探索性。相关研究模型不仅有待经验数据检验,而且在结构及内部关系方面也存在一定分歧。如果立足于网络交互与众筹价值共创关系视角,当前研究尚未明确网络交互对于众筹价值共创行为的解释能力。从相关文献来看,动机分类模式可能更适合于众筹价值共创动因研究。

由于在低标准信息披露环境中,网络交互成为众筹支持者获取决策信息的重要渠道,因此从网络交互理解和注释价值共创行为是一个理所当然的视角。在众筹领域,支持者可以通过价值共创行为参与项目的设计和实施。实际上,价值共创对于众筹市场参与方都是改进。如曾江洪等(2019)案例研究表明,众筹主体交互能够促进价值共创从而实现产品创新,并建议众筹主体交互按照互动内容区分为"发起者学习""支持者学习"和"信息交互"等类别。武雅敏等（2018）问卷调查检验了人机交互、人际交互和产品交互对农业众筹参与意愿的影响。

区别于传统社区，虚拟社区成员间由于缺乏面对面的交流机会，因而也难以形成情感关系与行为规范。因此，信任成为维系网络社区生存的关键。信任是行为人关于交易方的能力、诚实和善意的认知（Morgan，Hunt，1994）。信任对于虚拟社区行为的解释能力也得到一些实证研究支持。如 Wu 和 Chang（2015）、彭晓东和申光龙的研究都表明，信任对在线交易倾向具有积极影响。See-To 等（2014）研究证实信任能够显著影响虚拟社区价值共创。对于众筹而言，信任同样具有重要意义。如牛全保和陈少星（2018）表明，信任和承诺显著正向影响众筹行为。武雅敏等的研究强调，信任是影响公众参与农业众筹意愿的重要因素。

关于众筹信任与网络交互关系，一些学者相信，项目发起人可以通过社交网络与投资人建立正式的或非正式的信任关系，从而提高项目融资成功率（曾江洪和甘信禹，2014）。众筹信任可以内生于网络交互。由于缺乏机会和能力开展谨慎的调查，支持者倾向于试图免费利用他人的尽职调查结果（Zhou 等，2018）。在早期融资阶段，远程的投资者对其他人的投资信息非常敏感（Mollick，2014；Agrawal 等，2015）。亦有一些学者假设众筹信任可以外生于网络交互。来自公益类众筹研究强调，非营利众筹更容易获得公众信任和支持（毕娅和陶君成，2016），也比其他形式组织更容易众筹成功（Belleflamme 等，2011）。郑筱婷和商诗语（2019）实证认为，公益特征能够显著提升农产品众筹成功率。众筹信任的内生性与外生性代表着不同的众筹信任形成路径。相对于特定的众筹项目而言，支持者的众筹信任形成机制是可辨识的。异质的众筹信任形成机制对于从网络交互理解农业众筹价值共创有积极意义。

农业众筹不仅面临着"可能的欺诈、不切实际的投资预期以及缺乏经验的创造者"的挑战，而且存在社会认知度较低、过程监管难度大、项目参与率低等问题。当前农产品奖励模式占据当前国内农业众筹绝对份额。改善农产品流通效率、降低流通成本正成为开展农业众筹的主要动机。相比之下，在农产品生产、农场经营、乡村整治等领域的农业众筹应用与研究却较少得到开展(肖建等,2017)。导致农业众筹缺乏效率的原因究竟是由于网络交互系统存在缺陷,还是众筹信任机制构建缺乏?问题的探索与回答有利于人们掌握不同价值共创导向的农业众筹前因与后果,把握众筹信任和网络交互对于农业众筹效率的影响。

(二)研究假设

网络交互是众筹投资决策的信息支持系统。因此,本书主张从支持者众筹网络交互满意状态评价众筹网络交互系统效率。所谓满意是指"一个人通过对一种产品可感知的效果(或结果)与期望比较后,形成的感觉状态"(Kotler,2007)。尽管满意和信任都涉及消费者的评价、感知和态度,但满意对于消费者行为的预测能力可能存在局限性。局限性的产生主要源自于消费者的评价能力存在缺陷或不足。如果产品或服务的质量需要经历较长时间才能得到表现,或许涉及复杂交易,那么消费者的局限性可能更加突出。另外,对于偶然性或短期交易活动,满意对消费行为的影响可能更大;对于经常性或长期交易活动,信任对消费行为的影响可能更大。关于信任与满意之间的交互关系,多数研究者相信满意是信任前因,亦有部分实证支持信任是满意前因。在农业众筹框架内,支持者既可能是由于先验的众筹信任而开展网络交互,也可能是由于网络交互满意而产生众筹信任。那么,在农业众筹价值共创情景中,支持者的众筹信任感知与网络交互满意是如何发挥作用的呢?据此,本书构建农业众筹价值共创研究框架,如图3-1所示。

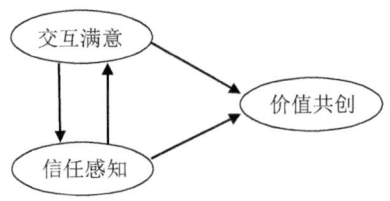

图 3-1 农业众筹价值共创框架图

众筹信任不仅有助于优化农业生产要素配置效率,而且还能降低众筹信息不对称所带来的逆向选择和道德风险问题。黄健青等(2017)将信任作为影响众筹项目的重要变量输入到模型中，试图改进食品项目融资成功的预测性。按照现行低标准信息披露规则，众筹平台需要在信息披露、尽职调查、警示教育、禁止利益冲突等方面承担相应责任和履行相应义务。可以理解的是，支持者对于众筹平台的信任能够显著影响众筹支持者的参与行为。Mollick 研究表明，虽然大多数项目发起者努力兑现承诺，然而仍有超过75%的受资助项目推迟了产品交付，甚至最终无法交付承诺的产品。因此，支持者必须承担着产品质量与发起者承诺不符、产品被推迟交付等风险。不仅如此，在产品或服务实际交付之前，其质量往往是不可预测的。正如 Nocke 等认为，那些高期望值的投资者更可能在众筹产品或服务实际交付之前提前支付，具体到农业众筹情景还存在食品安全问题(曾江洪，李林海，2017；黄漫宇，李若男，2018)。对此，本书提出如下假设：

H1：众筹信任感知通过众筹交互满意中介显著影响农业众筹价值共创。

大量的实证证明，众筹销售进程报告对投资决策具有重要影响。如 Catalini 和 Goldfarb(1991)研究发现，早期融资阶段的远程投资时机对其他人的投资决策非常敏感。一些研究者利用众筹进程信息变量证实，众筹支持者试图免费地利用他人的尽职调查(Belleflamme 等，2011)。通过项目描述，初创者可以向公众展示产品创意、规划商业计划、概述资金用途、推销众筹项目。王萍萍等(2018)运用大数据技术证实网页交互行为可以对农业众筹产生显著影响。Zheng(2014)认为，投资者满意度主要源自于需求的满足。不仅如此，众筹描述文本挖掘研究表明，众筹描述文本的修辞手法和语言风格能够显著影响众筹行为(王伟，等，2016)，甚至众筹描述文本的段落长度、可读性和情感语气对众筹效率具有正向影响。关于众筹实时交互的重要性也得到实证研究支持。研究表明，与初创企业相关的个人或团队的沟通有助于减少众筹的信息不对称。Wang 等(2018)研究发现，评论数量、评论情绪、回复长度和速度等对众筹成功有积极影响。因此，本书提出如下假设。

H2：众筹网络交互满意通过众筹信任感知中介显著影响农业众筹价值共创。

二、研究方法

（一）变量测量

本研究编辑的量表均参考以往经典研究成果。问卷采用 5 级 Likert Scale 方法，对"完全不同意""有点不同意""无所谓""有点同意""完全同意"分别给予 1 至 5 分值。为了保证一些量表适合农业众筹情景，本书在小规模的预调研基础上，对某些条目进行了一定的删减、修订，最终确立问卷（如表 3-1 所示）。

为了详尽刻画研究假设，本书根据现行众筹信息系统模式定义 3 类网络交互满意变量：众筹进程交互满意（interactive satisfaction of progress，ISP）、众筹描述交互满意（interactive satisfaction of description，ISD）、众筹实时交互满意（interactive satisfaction of online，ISO），分别评价支持者对于众筹项目进程信息披露、众筹项目描述信息披露和众筹实时交流的满意程度。关于网络交互满意，Hoffman 和 Novak 等（1996）提出将网络交互分为人机交互和人际交互概念框架。Wu 和 Chang 则检验人人交互与人机交互对于在线旅游交易倾向的影响。进程交互（ISP）和描述交互（ISD）属于人机交互范畴，本书应用 Wu 和 Chang 的网络交互的可靠性、便捷性和有效性的评价指标。

为了更好地理解所构建的研究框架，本书定义三类众筹信任感知变量：众筹平台信任（crowdfunding platform trust，CPT）、众筹发起人信任（crowdfunding sponsor trust，CST）、众筹项目信任（crowdfunding industry trust，CIT），分别考核支持者对众筹平台、众筹发起人与项目产品的信任。关于众筹平台信任（CPT）、众筹发起人信任（CST）、项目产品信任（CIT），本书借鉴了 Sako 建议的测量成分（Sako，1992），将信任区分为契约信任、善良信任和能力信任三个维度。

为了考察和识别支持者参与农业众筹价值共创行为动机，本书在综合 Zwass 和 Vladimir、武文珍和陈启杰等研究思路基础上，定义两类农业众筹价值共创行为：创新导向的价值共创（innovation oriented value co-creation，IOV）和体验导向的价值共创（experience oriented value co-creation，EOV）。前者是指支持者参与动机是改善农业众筹产品创新，后者是指支持者参与动机是改善农业众筹消费体验。其实,纯粹的体验导向价值共创或纯粹的创新导向价值共创都是属于特殊状态。通过分析任何农业众筹在两个维度进行投影,研究者就可以了解支持者农业众筹的倾向。

表 3-1 变量与题项设置

测量变量与题项	载荷	AVE	α	CR
IOV1＝您与发起者讨论产品的创新话题	0.76			
IOV2＝您与发起者讨论产品设计方案细节	0.76	0.82	0.86	0.88
IOV3＝您参与新产品测试、试用等活动	0.86			
IOV4＝您参与新产品市场营销推广活动	0.72			
EOV1＝您参与众筹是希望获得特别使用价值	0.72			
EOV2＝您参与众筹是由于尝鲜或好奇	0.82	0.73	0.89	0.90
EOV3＝您参与众筹是希望获得额外经济回报	0.82			
EOV4＝您参与众筹是希望帮助他人	0.64			
CPT1＝您选择的众筹平台已建立金融监管业务流程	0.80			
CPT2＝您选择的众筹平台不会故意损害投资者权益	0.78	0.70	0.82	0.85
CPT3＝您选择的众筹平台有投资者权益保护的能力	0.78			
CST1＝您选择的众筹发起人具有履行合同的意愿	0.76			
CST2＝您选择的众筹发起人不会故意损害客户利益	0.74	0.86	0.92	0.93
CST3＝您选择的众筹发起人具备履行合同的能力	0.78			
CIT1＝您选择的众筹项目产品能够按照协议交付	0.81			
CIT2＝您选择的众筹项目产品缺陷没有故意隐瞒	0.80	0.65	0.81	0.85
CIT3＝您选择的众筹项目产品具有技术的可行性	0.73			
ISP 1＝众筹销售进程信息是真实可靠的	0.74			
ISP 2＝众筹销售进程信息界面友好和便捷	0.67	0.76	0.83	0.88
ISP 3＝众筹销售进程信息对决策有帮助	0.72			
ISD1＝众筹项目描述信息是真实可靠的	0.74			
ISD2＝众筹项目描述信息界面友好和便捷	0.77	0.65	0.79	0.85
ISD3＝众筹项目描述信息对决策有帮助	0.72			

续表

测量变量与题项	载荷	AVE	α	CR
ISO1＝众筹在线交流获得的信息是真实可靠	0.77			
ISO2＝众筹在线交流方便、快速	0.72	0.78	0.83	0.95
ISO3＝众筹在线交流获得的信息对决策有帮助	0.75			

关于农业众筹创新导向价值共创（IOV），本书主要考察众筹产品创新研究文献。例如申光龙等（2016）认为，参与产品创新是虚拟社区生产阶段价值共创的核心活动，包括新产品创意、设计和推广等。曾江洪等的提出众筹产品创新价值共创形式主要包括共同策划、共同设计、共同测试和共同推广。关于农业众筹体验导向价值共创（EOV），李国鑫和王正沛概括出了三类价值：新产品消费、投机性价值与社会人价值（李国鑫和王正沛，2016）。刘征驰等研究表明，新产品优先使用权能够为支持者带来心理满足感。不仅如此，众筹消费具有投机属性。那些试图获取额外收益的消费者愿意在质量已知之前进行提前支付。而众筹的社会人价值研究其实是十分丰富的，也得到众筹扶贫研究成果的支持。

在此基础上，本书对研究假设进行了重新表述（如表 3-2 所示）。

表 3-2 研究假设一览表

假设	内容	假设	内容
H1-1	CPT 通过 ISP 显著影响 EOV 或 IOV	H2-1	ISP 通过 CPT 显著影响 EOV 或 IOV
H1-2	CPT 通过 ISD 显著影响 EOV 或 IOV	H2-2	ISP 通过 CST 显著影响 EOV 或 IOV
H1-3	CPT 通过 ISO 显著影响 EOV 或 IOV	H2-3	ISP 通过 CIT 显著影响 EOV 或 IOV
H1-4	CST 通过 ISP 显著影响 EOV 或 IOV	H2-4	ISD 通过 CPT 显著影响 EOV 或 IOV
H1-5	CST 通过 ISD 显著影响 EOV 或 IOV	H2-5	ISD 通过 CST 显著影响 EOV 或 IOV
H1-6	CST 通过 ISO 显著影响 EOV 或 IOV	H2-6	ISD 通过 CIT 显著影响 EOV 或 IOV
H1-7	CIT 通过 ISP 显著影响 EOV 或 IOV	H2-7	ISO 通过 CPT 显著影响 EOV 或 IOV
H1-8	CIT 通过 ISD 显著影响 EOV 或 IOV	H2-8	ISO 通过 CST 显著影响 EOV 或 IOV
H1-9	CIT 通过 ISO 显著影响 EOV 或 IOV	H2-9	ISO 通过 CIT 显著影响 EOV 或 IOV

（二）样本特征

表 3-3　样本人口统计学特征

变量	类别	频次（占比%）	变量	类别	频次（占比%）
年龄	20以下	14(5)	年收入	5万以下	24(8)
	20～30	82(29)		5万～10万	95(33)
	30～40	105(37)		10万～20万	71(25)
	40～50	63(22)		20万～30万	52(18)
	50以上	20(7)		30万以上	42(15)
性别	男	102(36%)	教育	专科及以下	43(15%)
	女	182(64%)		本科	184(65%)
				研究生	57(20%)

本书采用问卷调查方式收集数据。农业众筹既可能是一些众筹平台多元化的业务，也可能是专门农业众筹平台的业务。前者是以农产品奖励为主，后者的模式差异化较明显。因此，农业众筹样本的确认需要考察众筹项目产品或服务是否属于农业范畴。调查时间集中于2019年10月至2020年2月。样本获取总体是方便原则，样本来源有两部分：一部分通过众筹网、淘宝众筹、京东众筹、大家种等的农业众筹QQ群向支持者发送私信、发帖等推送问卷链接，收回问卷共213份，有效问卷172份。一部分是通过问卷星获取样本，收回问卷共160份，有效样本共112份。本研究共包括有效样本284份。针对不同来源的样本之间可能存在的系统性误差，本书进行了独立样本非参数K-S检验，结果证明不同来源的样本之间不存在显著性的统计学差异。根据表3-3所揭示的，样本人口统计学特征，样本是以年龄在30岁左右的女性为主，通常具有本科学历且年收入在10万元（包含及）以上。

三、实证研究

（一）信度和效度检验

本研究选择 AMOS 7.0 软件作为检验测量模型和结构方程的分析工具。测量模型分析主要包括信度检验、聚合效度检验和区别效度检验。AMOS 7.0 软件采用组合信度（CR）和克朗巴哈系数值（α）评价模型的信度。

本研究各变量的 α 值介于 0.79 与 0.92 之间，CR 值介于 0.85 与 0.93 之间，表明本研究量表具有良好内部一致性，模型通过信度检验。聚合效度检验采用因子载荷和 AVE 值检验，各个指标因子载荷均大于 0.50 且 AVE 大于 0.65，表明量表的辨别效度通过聚合效度检验。量表的辨别效度（如表 3-4 所示），各变量的 AVE 平方根大于对角线之外的相关系数，说明量表的辨别效度也达到可接受水平。

表 3-4 量表的辨别效度检验

	1	2	3	4	5	6	7	8
EOV(1)	0.91							
IOV(2)	0.17*	0.85						
CPT(3)	0.29***	0.35***	0.84					
CST(4)	0.30***	0.43**	0.16*	0.93				
CIT(5)	0.43***	0.31***	0.25***	0.15*	0.82			
ISP(6)	0.28***	0.27***	0.25***	0.35***	0.24***	0.87		
ISD(7)	0.26***	0.25***	0.25***	0.21***	0.20***	0.15*	0.82	
ISO(8)	0.32***	0.40***	0.38***	0.31***	0.25***	0.18*	0.23**	0.87

说明：①＊＊＊表示 $p_{(1/2)}<0.001$；＊＊表示 $p_{(1/2)}<0.01$；＊表示 $p_{(1/2)}<0.05$；②对角线上的数据为潜变量的 AVE 值平方根。

（二）假设检验

根据研究假设，本书分别使用创新导向农业众筹价值共创（IOV）和体验导向农业众筹价值共创（EOV）作为因变量。检验过程分别构建无交互关系的基础模型和有交互关系的扩展模型。通过众筹信任变量（众筹平台信任、发起人信任和项目产品信任）与网络交互满意变量（进程交互满意、描述交互满意和实时交互满意）交互关系建模与路径检验，评价和识别农业众筹价值共创行为动因。另外，根据荣泰生的建议（荣泰生，2009），变量A与变量B间接效果是变量A和变量B分别与第三变量C直接效果的乘积。如果间接效果大于直接效果，则表明第三变量C的中介效应不可被忽略；如果间接效果小于直接效果，则表明第三变量C的中介效应没有发挥作用。对此，本书的检验结构方程相关路径的"直接效果"与"间接效果"进行比较，以识别中介作用效应。

1. 体验导向农业众筹价值共创动因检验

网络交互满意变量的中介模型一（如表3-5所示）检验结果如下：

表3-5 "创新导向"的农业众筹价值共创检验

模型一		模型二	
路径	系数	路径	系数
ISP→EOV	0.36***	ISP→EOV	0.47***
ISD→EOV	0.33***	ISD→EOV	0.37***
ISO→EOV	0.35***	ISO→EOV	0.34***
CPT→EOV	0.18*	CPT→EOV	0.19**
CST→EOV	0.20**	CST→EOV	0.22**
CIT→EOV	0.35***	CIT→EOV	0.32***
CPT→ISP	0.63**	ISP→CPT	0.19**
CPT→ISD	0.59**	ISP→CST	0.25**
CPT→ISO	0.63**	ISP→CIT	0.22**
CST→ISP	0.67***	ISD→CPT	0.73***
CST→ISD	0.72***	ISD→CST	0.82***
CST→ISO	0.74***	ISD→CIT	0.65***

续表

模型一		模型二	
路径	系数	路径	系数
CIT →ISP	0.63***	ISO →CPT	0.41**
CIT →ISD	0.56***	ISO →CST	0.63***
CIT →ISO	0.53***	ISO →CIT	0.67***
χ^2/df	14.202		20.327
RMSEA	0.05		0.06
CFI	0.86		0.077
INI	0.87		0.85
TLI	0.86		0.84

说明：＊＊＊表示$p_{(1/2)}<0.001$；＊＊表示$p_{(1/2)}<0.01$；＊表示$p_{(1/2)}<0.05$

(1) 关于 CPT 与 EOV 路径，CPT →ISP →EOV 路径间接效果(0.227)、CPT →ISD →EOV 路径间接效果(0.195)、CPT →ISO →EOV 路径间接效果(0.220)大于直接效果(0.179)。换言之，ISP、ISD、ISO 是 CPT →EOV 完全中介。因此，H1-1、H1-2、H1-3 得到检验支持。结果表明，对于体验导向农业众筹而言，平台信任是支持者参与农业众筹的必要条件。

(2) 关于 CST 与 EOV 路径，CST →ISP →EOV 路径的间接效果(0.238)、CST →ISD →EOV 路径的间接效果(0.231)、CST →ISO →EOV 路径的间接效果(0.256)均大于直接效果(0.194)。因此，H1-4、H1-5、H1-6 得到检验支持。结果表明，发起人信任是支持者参与体验导向农业众筹的间接动因。

(3) 关于 CIT 与 EOV 路径，CIT →ISP →EOV 路径的间接效果(0.221)、CIT →ISD →EOV 路径的间接效果(0.165)、CIT →ISO →EOV 路径的间接效果(0.186)均小于直接效果(0.348)。因此，H1-7、H1-8、H1-9 没有得到检验支持。结果表明，项目产品信任是支持者参与体验导向的农业众筹的直接动因。

众筹信任感知变量的中介模型二(如表 3-5 所示)检验结果如下：

(1) 关于 ISP 与 EOV 路径，ISP →EOV 系数显著。进一步检验发现，ISP →CPT →EOV 路径间接效果(0.042)、ISP →CST →EOV 路径间接效果(0.062)、ISP →CIT →EOV 路径间接效果(0.078)小于直接效果(0.473)。换言

之,CPT、CST、CIT 的中介效应可以被忽略。因此,H2-1、H2-2、H2-3 没有得到检验支持。这就意味着,一些支持者不是通过谨慎调查而是研究项目进程信息进行决策。检验结果为农业众筹支持者搭便车行为提供部分证据。

(2)关于 ISD 与 EOV 路径,ISD →CPT →EOV 路径间接效果(0.148)、ISD →CST →EOV 路径间接效果(0.181)、ISD →CIT →EOV 路径间接效果(0.217)小于 ISD →EOV 直接效果(0.368)。因此,H2-4、H2-5、H2-6 没有得到检验支持。结果表明,项目描述披露对于支持者体验导向农业众筹具有显著直接效应。

(3)关于 ISO 与 EOV 路径,ISO →CPT →EOV 间接效果(0.084)、ISO →CST →EOV 间接效果(0.134)、ISO →CIT →EOV 间接效果(0.214)小于直接效果(0.344)。因此,H2-7、H2-8、H2-9 没有得到检验支持。结果表明,实时交互对于支持者参与体验导向的农业众筹具有直接影响。

2.创新导向农业众筹价值共创动因检验

网络交互满意变量中介模型三(如表 3-6 所示)检验结果如下:

(1)关于 CPT 与 IOV 路径,CPT →IOV 路径直接效果不显著。进一步观察可发现,CPT →ISP →IOV、CPT →ISD →IOV 的间接效果均不显著。因此,H1-1、H1-2 没有得到检验支持,H1-3 得到检验支持。可见,众筹平台信任只能通过实时交互对于创新导向农业众筹产生显著影响。

(2)关于 CST 与 IOV 路径,CST →ISP →IOV、CST →ISD →IOV 的间接效果均不显著;CST →IOV 直接效果(0.418)显著且大于 CST →ISO →IOV 间接效果(0.131)。因此,H1-4、H1-5、H1-6 没有得到检验支持。换言之,发起人信任对农业众筹产品创新产生直接效应。

(3)关于 CIT 与 IOV 路径,CIT →ISP、CIT →ISD 的间接效果均不显著;CIT →IOV 路径直接效果(0.176)显著且小于 CIT →ISO →IOV 路径间接效果(0.263)。因此,H1-7、H1-8 没有得到检验支持,H1-9 得到检验支持。结果表明,项目产品信任可以通过实时交互激励农业众筹创新活动。

表 3-6　农业众筹价值共创检验

模型一		模型二	
路径	系数	路径	系数
ISP →IOV	0.11	ISP →IOV	0.13
ISD →IOV	0.15	ISD →IOV	0.10
ISO →IOV	0.51***	ISO →IOV	0.31***
CPT →IOV	0.12	CPT →IOV	0.13
CST →IOV	0.42***	CST →IOV	0.42***
CIT →IOV	0.18*	CIT →IOV	0.19*
CPT →ISP	0.15	ISP →CPT	0.14
CPT →ISD	0.13	ISP →CST	0.09
CPT →ISO	0.32**	ISP →CIT	0.12
CST →ISP	0.37***	ISD →CPT	0.37**
CST →ISD	0.23**	ISD →CST	0.46***
CST →ISO	0.26***	ISD →CIT	0.56***
CIT →ISP	0.13	ISO →CPT	0.37**
CIT →ISD	0.12	ISO →CST	0.62***
CIT →ISO	0.54***	ISO →CIT	0.67***
χ^2/df	24.111		21.207
RMSEA	0.07		0.06
CFI	0.82		0.85
INI	0.85		0.85
TLI	0.83		0.86

说明：(1) * * *表示$p_{(1/2)}<0.001$；* *表示$p_{(1/2)}<0.01$；*表示$p_{(1/2)}<0.05$

众筹信任感知变量中介模型四（如表 3-6 所示）检验结果如下：

(1)关于 ISP 与 IOV 路径，ISP →IOV 系数不显著。进一步检验发现，ISP →CPT →IOV、ISP →CST →IOV、ISP →CIT →IOV 路径系数均不显著。因此，H2-1、H2-2、H2-3 没有得到检验支持。这就意味着，进程信息披露不能成为农业众筹创新动因。

(2)关于 ISD 与 IOV 路径，ISD →IOV 系数不显著。ISD →CST →IOV 间接效果(0.193)、ISD →CIT →IOV 间接效果(0.107)路径系数显著。因此，CST、CIT 是 ISD →IOV 的完全中介。换言之，H2-4 没有得到检验支持；H2-5、

H2-6 得到检验支持。结果说明：如果描述信息可以激励支持者对发起人和项目产品产生信任，那么支持者有意愿参与农业众筹创新活动。

(3)关于 ISO 与 IOV 路径，ISO→CST→IOV 路径间接效果(0.261)大于 ISO→IOV 直接效果(0.208)；ISO→CIT→IOV 路径间接效果(0.124)小于 ISO→IOV 直接效果(0.208)。因此，H2-7、H2-9 没有得到检验支持；H2-8 得到检验支持。结果表明，对于创新导向农业众筹而言，如果实时交互能够导致支持者对发起人信任提升，那么支持者更可能参与农业众筹创新活动。

四、研究总结

首先，基于"网络交互满意"与"众筹信任感知"，本章将价值共创区分为创新导向与体验导向两个维度，从众筹信任感知与网络交互满意交互关系研究了农业众筹价值共创行为。其次，根据现行众筹信任系统定义了三类众筹网络交互满意变量，分别评价支持者在与众筹项目进程信息和众筹项目描述信息的人机交互和发起人实时人人在线交互的满意程度，具体检验网络互动评论对农业众筹价值共创的影响。最后，概括和识别了三类众筹信任感知，试图分别考核支持者对众筹平台、众筹发起人与项目产品的信任程度，具体检验众筹信任对于农业众筹价值共创的影响。本书的实证检验结果表明：

(1)体验导向的农业众筹价值共创具有产品信任驱动特征。Zheng(2014)发现，满足投资者的特定需求对于提升其满意度更加重要。本书的检验表明，项目产品信任是支持者参与体验导向农业众筹的直接动因，众筹平台信任、发起人信任只是其间接动因。不可否认，项目产品信任与体验导向存在内在关联，消费价值、投机价值和社会人价值都依赖于产品或服务的内在价值和外在特征。不可设想的是，体验导向的支持者将有限的资金投放于那些缺乏信任的项目产品。确切地，体验导向可以跨发起人迁移至其他类似产品。

(2)创新导向的农业众筹价值共创具有发起人信任驱动特征。检验表明，发起人信任可以直接鼓励支持者参与农业众筹产品创新活动；如果项目产品信任只是其间接动因。换言之,支持者之所以参与农业众筹创新活动,是由于发起人信任而产生"爱屋及乌"效应。项目产品信任需要通过实时在线交互参与农业众筹创新活动。或者,创新导向的迁移只是发生在发起人的产品或服务内部。

(3)网络交互对于体验导向农业众筹价值共创产生直接显著影响。检验表明:不仅进程信息可能导致体验式农业众筹价值共创行为,而且项目描述披露和实时在线交互对于支持者体验导向农业众筹具有显著直接效应。这就意味着,支持者更可能不是通过谨慎调查而是研究众筹交互信息进行决策。检验结果为农业众筹支持者搭便车行为提供部分证据。

(4)网络交互对于创新导向农业众筹价值共创产生间接显著影响。检验表明:进程信息披露不能导致支持者参与农业众筹创新活动;如果描述信息可以通过激励支持者对发起人和项目产品产生信任,那么支持者有意愿参与农业众筹创新活动;如果实时交互可以通过激励支持者对发起人信任提升,那么支持者更可能参与农业众筹创新活动。

在某种意义上,众筹过程是初创者通过数字视频和文字媒体向市场资金拥有者讲述"创业故事"的过程。故事的细节通常包括初创背景和愿望、资金奖励结构、技术发展以及对需要资金支持的产品等。因此,对众筹项目而言,"创业故事"可信度高的项目就可以获得投资者支持(Kuppuswamy,Bayus,2013)。本章所得出的研究结论也可为其他农业众筹研究者提供参考。同时,本研究还能为农业众筹实践提供指导。

第四章 农业众筹发起者学习行为研究

既然众筹允许项目发起者在项目的早期阶段向社会公众个体请求资金资助(Kuppuswamy 和 Bayus,2013;Belleframme 等,2014),那么发起者认知模式研究无疑能够加深农业众筹信息治理理解。正如 Mitchell 等(2007)所指出,有些人之所以可以识别他人不能识别的创业机会,是他们具有一些特殊的认知框架。认知框架的差异也决定了众筹投融资双方沟通的困难。即使初创者愿意真诚披露,解读者也可能存在能力缺失的问题。不仅如此,认知偏误可能干扰初创者"干中学"。一些创业愿景也可能是创业者"过度自信"的想象,甚至前后证明是错误的"承诺"。对此,本章将从农业众筹发起者学习行为角度研究农业众筹影响机制。

一、文献回顾与假设提出

(一)文献回顾

认知心理学认为导致人类偏离理性决策的内在因素是认知偏差和情绪等,外在因素是环境结构(Liu,2010)。农业众筹信息治理需要应对不对称信息环境所导致的初创者认知偏误问题。研究者认为,虽然众筹平台能够消除与早期项目融资相关的大多数距离相关的经济摩擦(Agrawal 等,2011),但那些由企业家个人认知模式、风险偏好、失败学习等信息关联的摩擦并不能被消除（Nanda 和 Khanna，2010）。正如 Mitchell 等（2007）所指出，有些人之所以可以识别他人不能识别的创业机会，是因为他们具有一些特殊的认知框架。Baron 和 Ensley（2006）的研究表明，特殊的认知框架帮助创业者发现那些似乎没有关联的趋势、变化和事件之间的内在联系。认知框架的差异也决定了众筹投融资双方沟通的困难。即使初创者愿意真诚披露，解读者也可能存在能力缺失的问题。

在创业者思考－行动的链接之间，创业学习发挥着桥梁作用（张琳，2015）。创业者是在学习过程中形成创业意愿。在家庭成员的创业角色模式影响下，创业者形成对创业值得性的认知。通过与来自家庭外部资源的交流，创业者提高了对创业可行性的感知。在创业机会识别过程中，创业学习的重大作用也得到一些研究者的证实。如 Ravasi 和 Turati（2005）指出，机会识别是一个持续且多阶段纠正行为的学习过程。当创业者决定将创业思想付诸于行动，掌握新产品和新服务的商业模式知识就成为创业者当务之急。可见，学习是贯穿创业全过程的活动。然而，在创业过程中不对称性学习是一个普遍存在现象。Palich 和 Bagby（1995）认为，即便具有相似经历的个体也完全有可能发展出一些不完全相同的创业认识，其原因是因为他们可能利用了不同的知识转化模式。根据 Palich 和 Bagby 的观点，创业者占优的认知模式是信息输入的"筛选器"。那些占优的"转化模式"将影响着创业知识的提取与评价。那些偏好开发式学习的创业者将能识别和获得应对"因新而带来的困难"（the liabilities of newness）的创业知识，而注重探索式学习的创业者则可能更多地挖掘和形成关于创业机会的知识。

认知的发展离不开学习，而已获得的认知又是进一步学习的前提。曾江洪等（2019）研究发现，众筹发起者学习包括认知学习和经验学习。前者是指众筹发起者通过关注同类众筹项目、查看与回复投资者评论等方式获取知识的过程；后者则是众筹发起者通过借鉴前期经验、他人经验等方式获得经验积累的过程。如果认知偏误对成功创业具有消极影响，那么似乎有理由认为创业学习能够修正认知偏误。不过，认知偏误会阻碍创业者"干中学"，过度自信导致创业者难以通过学习来修正既有的信念。尽管创业失败经历能够为创业者提供经验学习机会,但只有较少的创业者能够从失败经历中获得和吸取教训。Renner(2003)研究认为,可能由于学习成本过高,或者学习时间过长、学习机会过少等主客观原因阻碍了创业者的学习成长。事实上,对于一些似乎明显高失败的经营项目,一些创业者仍可能"一如既往"地加大投入。

由于创业者存在"占优的逻辑或推理风格",只有那些擅长于根据需要转换学习方式(启发式、分析式或系统式)的创业者更可能成功。正如Kolb(1984)认为,人们倾向于使用某一特定的学习方式,而较少依赖其他学习方式。对此,Corbett(2005)率先提出"机会识别与利用的创业学习不对称性"问题。其研究认为,学习的不对称性应是创业研究领域的重要范畴,需要加以关注。因此,从创业者认知偏误视角,探索发起者动机初创期的不对称性创业学习就很有意义。但目前研究者对此关注不够,一些研究结论也存在分歧。该研究是一个很有潜力的研究领域,需要跨越认知科学、创业学和组织学习理论等领域,有助于人们正确理解创业学习在创业企业生成与发展中的作用,对推动创业学习与创业者认知的理论与实践均有意义。

(二)研究假设

创业活动始于机会的发现。创业机会是成功创业的重要前提,也是创业研究的关键问题(Shane,2000)。大量研究表明,机会的存在是客观的,但机会的识别和开发却相当地依赖于创业者的主观判断。认知理论强调,认知偏误变量可以解释众多创业现象。在不确定的环境中创业者容易产生认知偏误,而有偏误的认知不能稳定地影响创业者行为(张琳,2016)。关于学习行为,March(1991)提出探索学习(exploration learning)与开发学习(exploitation learning)模型。前者是指能产生具有高收益且高风险新知识的学习行为;后者是指产生的知识能形成直接且具有稳定回报的学习行为。该理论一经提出,便得到了学术界的广泛关注,也为一些创业学习研究提供了研究理论指导。March相信,企业资源的稀缺性导致两种学习行为存在相互竞争态势,追求两种学习之间的动态均衡是取得成功的关键。缺乏支持创业学习的组织惯例与系统规则,创业学习能力往往制约于创业者个体的技能与认知。因而,创业学习通常是不对称性和非均衡的。创业者对学习表现出不同的偏好。Paschen(2017)提出初创企业者应当根据不同发展阶段选择不同的众筹类别。问题是,认知模式的转换对于创业者而言是一种挑战,那么,创业学习的不对称性却可能是种常态。因此,本书使用创业学习作为解释变量,评价农业众筹发起者认知偏误。对此,本书提出:

H1:农业众筹发起者的学习策略是非均衡的

女性可能有不同于男性的特殊创业能力和偏好(张琳,2016)。正如一些研究所证实,女性是"推动"(如补贴家庭)而创业;男性则是"拉动"(如资源可用性,增加收入等)而创业。换言之,男性创业因素只能有限地解释女性创业行为。Hundley(2001)研究认为,那些对生活或工作感到不满的个体更可能创业。男性的工作满意度通常低于女性。女性创业的主要刺激物源自于内部目标,如个人价值的实现、灵活性、满意和自治,而不是增长和利润。一些研究发现,技能和能力自信的个体更可能创业。然而女性却可能由于经验缺乏而对自己的创业能力不太自信,从而抑制了创业热情。另外,风险承担倾向一直被认为是创业成功的重要预测指标。一些研究也观察到,风险规避在一定程度上抑制了女性创业者的行业选择和投资力度。研究认为,创业性别差异与创业者早期产业选择有重大关系。创业女性聚集于一些企业规模较小、竞争激烈和回报低的行业,较少女性在高增长或高科技行业创业(Carree 和 Thurik,2010)。正如前文所指出的,当前农业众筹是由农产品奖励模式为主体,存在相当数量的女性从业者。因此,考察农业众筹发起者性别差异是十分必要的。对此,本书提出:

H2:农业众筹发起者的认知策略存在显著性别差异

按照一般分类方式,众筹已经演化出公益类、奖励式和权益类等模式。公益类众筹,也称为非盈利性众筹,其特点是投资者不要求任何回报。正如前言所指出的,基于奖励的众筹模式代表了大多数众筹项目模式特征,然而基于股权的众筹模式往往比基于奖励的众筹模式能够筹集更多的资金,也更加符合众筹的定义与初衷。根据张燕华和陈肖华(2018)文献回顾,奖励众筹影响因素主要包括项目融资目标、支持人数、更新次数、图片数量、项目类型等；股权众筹影响因素主要包括项目更新次数、项目估值、股东人数、融资目标金额、支持人数等。显然奖励类众筹与股权类众筹的具体影响因素存在一定差异。之所以最流行的众筹模式是基于奖励的模式，一个重要原因是非股权众筹筹集可以避免稀释。因此，那些拥有高质量项目的创建者可能很少有动机使用股权众筹。另外，如果在创业初始资本需求相对较少的情况下，初创者更倾向于产品奖励众筹；如果在资本额较大的情况下，初创者则更倾向于选择股权众筹。特别地，作为一种新兴融资方式，股权众筹模式存在风险大、发展缓慢和制度不完善等问题。与其他形式的众筹相比，股权众筹需要接受受到高水平监管。无论采用奖励模式还是股权模式，众筹所"承诺"的产品或服务通常是未来交付且涉及未经证实的技术。由此推断追求长期价值理当是众筹发起的核心动机和说服市场的基本理由。基于此，有理由认为，众筹模式选择是不同认知所驱动。虽然关于奖励众筹与股权众筹的研究较为丰富，但基于创业者的众筹模式选择研究较少。大部分实证都是基于奖励众筹数据，而关于股权众筹的实证研究较少，尤其是关于奖励众筹和股权众筹之间的比较分析更是缺乏。为此，本书提出如下待检验假设：

H3：农业众筹发起者的学习策略存在显著模式差异

创业经验是一种重要的人力资源，对创业成功具有广泛而深入的影响。相对于初创业者，惯性创业者更加熟悉创业陷阱，拥有更多的创业资源，掌握更多的创业技能。成功创业经历会为创业者带来声誉，提升创业者信用，加深公众的信心，因而更容易获得金融机构支持。不可否认，失败的创业必然会产生一些消极或负面影响，如经济的损失、自尊的降低和地位的下降，甚至家庭破裂等。随着研究的深入，研究者也承认失败的确是一个很重要的学习源。创业者可以从失败经历修正机会评价和利用方法，从而提高创业技能。王华锋等（2017）认为创业失败次数与创业绩效之间呈现倒"U"形关系，即有限的创业失败是有益的。在众筹领域，众筹经验往往是众筹成功的重要解释变量（Hsu和Ziedonis，2013；Mollick，2014）。例如孟刚（2018）检验发起人众筹经验的影响机理，结果表明，发起人筹资经历与支持经历均有助于筹资成功。为了进一步明确发起人众筹经历的影响机制,王念新(2020)将创业经验区分为直接经验与间接经验,探讨众筹经验与众筹成功的相关性。本书认为,虽然发起人众筹经历是众筹成功的关键因素,但已有研究仅关注发起人经历对众筹最终结果的影响,却较少地讨论其对众筹过程的影响,为此,本书提出如下待检验假设:

H4:农业众筹发起者的学习策略存在显著经验差异

二、研究方法

正如Mitchell等(2007)所指出,创业者之所以可以识别机会,是因为他们具有一些特殊的认知模式。普通投资者完全可能是无法识别那些"创意"的商业价值。当然,一些创业承诺也可能是"过度自信"的创业想象。当然,特殊的认知模式也可能干扰初创者"干中学"。关于学习研究,通过全球400多家公司、千余位企业主管的问卷调查和个案咨询研究,Yeung Arthur(1999)归纳出了兼具广度和深度的组织学习能力论点。作者从"知识来源(亲身体验与借鉴他人)"与"学习方向(开发新领域与利用既有机会)"两个维度证明了"实验学习"、"提升能力"、"标杆学习"及"不断改良"四种学习方式的存在(见图4-1)。

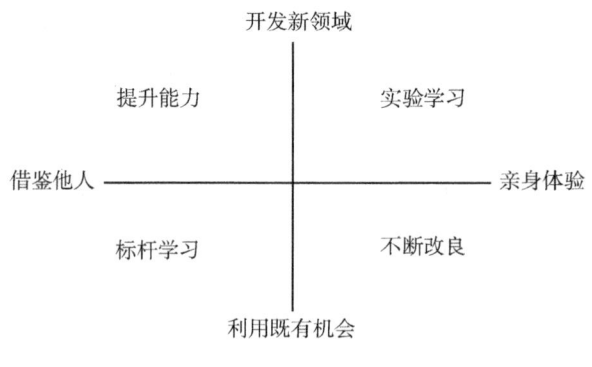

图 4-1　学习方式模型

由于Yeung Arthur的学习模型在简洁性和可操作性等方面具有一定优势,因而得到一些研究者关注,也适用于创业学习研究。有鉴于此,本书将应用Yeung Arthur教授所建议的LE-M,考察农业众筹发起者认知偏误。本研究数据获取方法是项目描述文本挖掘而非问卷调查。本书的研究方法总体上属于文本挖掘的创新性应用，在某种意义上也相当于开放式访谈研究。虽然文本短暂，但所能处理的样本量巨大，也符合大数据背景下众筹研究范式。正如前文所指出的，由于采纳低标准的信息披露机制，众筹的项目描述性文本呈现出显著的主观性文本非结构化或半结构化特征。众筹项目描述文本是初创者思想、认知与意志的体现(Hellmann,2007;Casamatta 和 Haritchabalet,2010)，成为说服投资者的重要工具。通过项目描述，农业众筹的初创者可以向公众展示产品创意、规划商业计划、概述资金用途、推销众筹项目。文本情感反映了文本发起者的态度以及心理状态，所以在众筹领域引入情感分析技术是十分必要的(王洪伟等,2018)。正如前言所指出，在大数据技术支持下，研究者对项目描述文本进行了挖掘，不仅使用融资规模、已投资者数量、已投金额、目标金额等进程变量描述众筹市场行为特征(Mollick,2014)，而且将创始经验(Hsu 和 Ziedonis,2013;Mollick,2014)、企业者教育背景(Ahler 等,2012)、管理团队特征(Hsu,2007)和董事会治理(Sanders 和 Boivie,2004)、专利(Hsu 和 Ziedonis,2013)、视频数量(Mollick,2014)等信息变量纳入检验框架。当然，本研究方法存在与自陈式问卷类似数据(文本)的主观性倾向问题。

表 4-1 学习力测量的预处理

学习方式	题项	注释
实验学习	在上一个构想尚未落实时，我们仍持续发掘新构想 我们不断发展全新的工作方式 我们尝试许多新构想，希望成为业界知名的创新公司 我们希望成为市场上新概念、新产品的先驱	研发、实验、创新
提升能力	我们鼓励员工掌握新能力 我们鼓励团队掌握新能力和新技术 我们从其他公司"挖人" 学习是我们经营战略中极为重要的一部分	引进技术和人才

续表

学习方式	题项	注释
标杆学习	我们跟进经过他人验证的新产品及新流程 我们广泛留意其他公司的做法和成就 我们密切注意其他公司某些特定活动 我们以竞争对手为学习对象	模仿和跟进竞争对手
不断改良	我们充分发展现有领域内新的延伸和改良机会 我们不间断地提升现有技术直到最好 我们希望自身技术和流程在业界无人能比 我们以自己为基准,不断留意自己进步的进度	改良现有技术

引自:杨国安,大卫·欧瑞奇.学习力:创新、推广和执行[M].北京:华夏出版社,2005:59.

本书虽然是从 LE-M 出发,但也无法直接使用其量表。一个重要原因是,Yeung Arthur 的原始量表语言环境与现代中文网络语言习惯发生了巨大变化。因此,本书需要对量表进行预处理。预处理的目的是提炼出问卷题项的核心寓义(如表 4-1 所示)。在预处理基础上,本书构建学习能力测量的关键词对照量表。关键词对照量表的主要作用类似于情感词典研究法(在后文有具体介绍和补充)。其基本原理是:通过将农业众筹项目描述文本与量表对照与匹配,本书识别出农业众筹发起者的学习行为,从而对其学习能力进行评分。

既然众筹项目描述是筹资者向潜在投资者介绍项目的主要途径,那么项目描述文本的关键词就是项目成功的变量预测(王洪伟,等,2018)。为了使所构建的对照量表具有可操作性,本书首先建立一个初始的同义词量表。如:"现有"的同义词有"既有""现在""现存""当今""当下""现有"等。初始的同义词量表是由"亲身体验"、"借鉴他人"、"开发新领域"与"利用既有机会"四个语料库构成(如表 4-2 所示)。需要说明的是,此时的同义词只是基本词汇,是无法包容农业众筹描述文本中所有词汇,因此需要扩充语料库。为了获得农业众筹项目描述文本的关键词语料库,本书将进行 TF-IDF(term frequency-inverse document frequency)算法分词(见附 1)。之所以选择分词,是由于农业众筹样本通常十分巨大,人工分词可能缺乏效率。TF-IDF 算法是一种用来评价字或者词语相对重要性的信息检索与数据挖掘方法。字或者词语的重要性随着在文件中出现次数增加而增加，与此同时也会随在其他文件出现次数增加而减少。换言之，字或词语在本篇章出现数越多且在其他篇章出现越少，那么它对于本篇章的重要性就越高。如果一些非常特殊的词或词语只在少数文章中出现，那么它们的重要程度就越高。TF-IDF 算法能够帮助人们更好地完成识别工作。

表 4-2　学习能力测量的关键词初始对照量表

学习方式	题项	关键词与词组
学习方向	开发新领域	新颖、新、全新、革新、创新、创造、先驱、发明、专利、试验、深度、率先、首先、科技
	利用既有机会	改良、改善、改造、改进、变革、现有、现在、现存、既有、应用、加工、提升、掌握、技术、流程、深加工、技能
知识来源	借鉴他人	标杆、榜样、模仿、依照、仿照、学习、关注、借鉴、跟进、留意、竞争对手、同行、同业、挖人
	亲身体验	自己、亲身、亲自、实验、测试、体验、试验

在此有三个关键步骤（如表 4-3 所示）：第一是通过将 TF-IDF 分词与"初始对照量表"进行对照与匹配，从而识别出关键词，并标识出关键词的类属。例如，"深加工"可以标识为"利用既有机会"，"质检中心"同样可以标识为"利用既有机会"，"生物科技"可以标识为"开发新领域"。第二是阅读和标识原文本的关键词。之所以需要标识原文，是因为本研究由于缺乏适用农业众筹文本挖掘的专门语料库支持。第三是赋值。本研究统计每个案例样本分词与语料库匹配频数作为变量赋值。

表 4-3 农业众筹学习能力测量语料库(示例)

项目描述文本	关键词	新词汇
湖北省顶味鲜食品有限公司成立于2014年,坐落于湖北省当阳市草埠湖镇。现已建成投产自动生产线两条、全自动高温杀菌线一条,并建有现代化配料室、质检中心、标准化仓储等配套设施,主要生产以养生酱为代表的酱类产品及蔬菜类深加工产品。 公司立足于服务现代农业,提升农业经济水平,提高农产品附加值,秉承绿色、安全、优质、健康经营理念,创造性地把传统食品与现代化技术结合,以优质黄牛肉、核桃、韭菜、土豆、紫苏等为原材料,生产出符合现代社会消费习惯和消费理念的深加工农产品。	深加工、湖北省、理念、农产品、现代化、优质、顶味鲜、2014、草埠、湖镇、质检中心、酱为、食品、当阳市、坐落、蔬菜类、技术相结合、紫苏、消费、配料	标准化、自动生产线、符合
我的"90后"设计师队伍扎根江西景德镇瓷都,独具匠心的设计,就是为了传承中国优秀民族文化之美,达到表里如一,从外到内传承的是艺术与品质。互联网带来的实惠与个性化,在酒类市场频起波澜,世界因为互联网,从工厂到消费者,解决了假酒烦扰。给互联网消费者一瓶名酒是我们的初心,打造线上消费者的完美体验是我们的追求,无愧于心,更无愧时代。	互联网、消费者、传承、九零、初心、表里如一、之美、从外、频起、无愧于心、假酒、瓷都、独具匠心、烦扰、美好生活、无愧、名酒、扎根、白金	设计师
天禾种植专业合作社公司成立于2014年,基地位于内蒙古西部高原区鄂尔多斯市准格尔旗十二连城乡,北纬40度,海拔1300米,九曲黄河冲击出的平原,年日照3000小时,紧邻黄河边,土地原为撂荒盐碱地,国家"十二五"科技项目的实验基地。方圆50公里内无任何工业,远离大气和水的污染,位于北纬40度,是理想的生态农牧业发展基地。	基地、北纬、天禾、鄂尔多斯市、黄河、撂荒、50、准格尔旗、高原区、九曲、紧邻、位于、盐碱地、"十二五"、方圆、合作社、科技、实验	实验基地、科技项目

— 64 —

续表

项目描述文本	关键词	新词汇
民者,食为天也。时代的车轮在不断前进,人们对饮食文化也有了更高的追求,不仅要吃得饱,还要吃得好,成立于2008年的厦门承露实业有限公司,始终坚持"以质量求生存、以品质求发展、以管理求效益"。我们不是生产者,而是大自然的搬运工,致力于通过现代科技的助力,还原生活本来的美好,让更多人以更实惠的价格享受到真正的自然本味。	民者、食为天、2008、承露、求效益、本味、饮食文化、不断前进、求生存、现代科技、搬运工、吃得饱、助力、车轮、实惠、大自然、生产者、美好	—
陕西迦南生物科技有限公司成立于2008年7月,主要经营生物科技健康产品,目前公司旗下具有影响力的产品之一是圣茸牌松茸玛咖酒,"圣茸"商标于2014年10月注册,生产基地位于内蒙古赤峰宁城元力保健酒业公司,于2014年6月注册了陕西杨凌迦南健康产业研究所,主要是收购各种宫廷祖传秘方,研发心脑血管、癌症等各种疾病引起的肾炎、肾衰竭等疑难杂症的攻克。 团队扎根健康产业,专注于产品的研究与探索!多次配方调试升级,得到广大人群试用反馈,初心做真实的自己,始终坚信好的产品经得起检验!怀揣这份自信心和责任心,认真做产品。用实在的成分和配方呵护您的健康。	迦南、生物科技、注册、保健酒、陕西、圣茸牌、咖酒、圣茸、健康、祖传秘方、疑难杂症、松茸、杨凌、肾衰竭、配方、产品、初心、健康、怀揣、自信心、责任心、经得起、扎根、调试、试用、呵护、坚信、反馈、专注、这份、检验、团队、探索、升级	研究所、攻克

续表

项目描述文本	关键词	新词汇
贵州省仁怀市茅台镇赖领酒业销售有限公司是贵州老掌柜酿酒(集团)有限公司旗下的销售公司,负责销售赖领酒品牌,公司理念是弘扬传统、质量为先、责任至上、诚信共赢。企业有五个优势:一是正宗产地,源自茅台镇中国酱酒核心产区;二是地道工艺,嫡传正宗酿造工艺,尽得酱香精髓;三是健康品质,秉承传统,科学酿造;四是现代管理,通过质量管理体系认证的环境管理;五是体系认证,食品安全管理体系认证。我们立志"敬世界一杯纯正酱酒,树中国白酒文化自信",不忘初心,砥砺前行。 在白酒行业中,存在着一些迷失了本性的酒商为了追求利益导致很多低端酒、劣质酒充斥着市场,危害着缺乏辨识能力的各位酒友的健康的现象。看着这些市场乱象,作为一个在中国酒都土生土长的茅台人,就想为大家酿上一杯好酒,让大家喝上严守古法酿造工艺的纯粮食的酱香好酒。	赖领、酿造、工艺、认证、酱酒、酱香、茅台镇、好酒、管理体系、正宗、传统、销售、白酒、一杯、品质、初心、品牌、仁怀市、共赢	—
温萱生命硅水是经湖南省质检部门的检测系国内外罕见的高偏硅酸弱碱性软水源。在所有检测指标中。最值得一提的是它的偏硅酸含量。偏硅酸只存在于天然矿泉水中,不能以人工添加的形式加入到饮用水中。这项指标的高低是世界各国评价矿泉水水质好坏常用与重要的界限指标之一。我们不使用人工添加剂,始终坚持初心。	偏硅酸、矿泉水、指标、添加、检测、人工、温萱、硅水、只存、饮用水、质检、水质、好坏、碱性、湖南省、值得一提的是、水源、界限、高低、罕见	坚持初心

续表

项目描述文本	关键词	新词汇
九道春专注于古法养生领域,坚持简单的事情重复做,重复的事情认真做,积极传承创新古法九蒸九晒工艺,以"让零添加原生态的产品走进千家万户"为使命愿景。九道春目前已形成完整的产业链,以"池州市满南轩农业有限公司"主导黄精种植与初加工,以"池州市九华府金莲智慧农业有限公司"主导黄精产品的九蒸九晒以及养生食品开发,以"池州市九华山黄精研究所"主导黄精产品的科技开发。	黄精、池州市、蒸九晒、九道、主导、古法、养生、重复、产品、愿景、满南轩、初加工、科技开发、原生态、九华、农业、有限公司、九华山、千家万户、事情	传承创新、产业链

说明:上述素材来源于京东众筹网

换言之,TF-IDF 分词技术无法识别出农业众筹描述文本所有新词汇。通过将识别出的新词"加入"TF-IDF 系统,那么在后续分词中,程序就能够识别出来。需要说明的是,"加入"TF-IDF 系统并非最后一个步骤。语料库的建立需要大量地重复前述两个步骤。本书的研究共使用了近 300 篇农业项目描述文本进行关键词标识,最终获得 2 104 个关键词。其中:"亲身体验"510 个关键词、"借鉴他人"364 个关键词、"开发新领域"610 个关键词与"利用既有机会"620 个关键词。限于篇幅,本书就不再列表展示。语料库的建立对于众筹文本挖掘具有一定启发意义。当然,本书的研究是探索性的、初步的,难免存在众多缺陷,需要得到相关研究支持与验证。

三、研究过程

(一)样本特征描述

2020 年 10 月至 2021 年 3 月,本书使用大数据软件进行文件抓取。选择"天农团(综合类、山东)""点筹网(奖励类、广东)""有机有利(奖励类、山东)"

"链投网(股权、上海)""乐农之家(奖励类、广东)""山东银投(综合类、山东)"等垂直型农业众筹平台2 151条文本数据(如图4-4所示)。顺便说明一下,本章的数据抓取与后续章节的数据抓取是同步的。正如前文所指出,当前农业众筹是以农产品奖励为主体的金融活动,目的是解决农产品销售问题。本书的数据中近八成样本为奖励众筹,虽然具有较好的代表性,但也可能导致一些不同于其他众筹的研究结论,可能无法揭示众筹在农场管理、农业技术推广、农村土地流转、农村公益扶贫、农村乡村整治等的应用。另外,女性应用众筹模式开展创业活动的比重也占据三成有余,有利于本书的性别比较研究。农业众筹创业者教育程度普遍较高且据三成有余的发起者有众筹经历。

表4-4 样本统计特征

变量	类别	频次(占比%)	变量	类别	频次(占比%)
众筹经历	无	1412(65.64)	众筹类型	奖励	1720(79.96)
	有	739(34.36)		股权及其他	431(20.04)
发起者性别	男	1402(65.17)	教育程度	专科及以下	43(2)
	女	749(34.83)		本科	1184(55.04)
				研究生	924(42.96)

(二)假设检验

1.农业众筹创业学习的非均衡假设检验

根据Yeung Arthur的研究陈述,所调查的样本是一些成熟企业,已经形成学习惯例和技术流程。因此,Yeung Arthur的研究样本与研究结论可以作为本书的农业众筹研究的借鉴和比较。在研究过程中,Yeung Arthur要求受访者以1~5分的分数来衡量各种学习方式在本企业的使用程度。根据Yeung Arthur教授的调查研究,在企业中普遍地存在这四种学习方式。其中:最广泛的学习方式是提升能力,其次是实验学习及标杆学习。本书的研究表明(见表4-5),对于农业众筹发起者倾向于标杆学习,其次是不断改良。事实上,"关注竞争手""关注行业发展"等是创业者有效生存与发展战略,而且"当前熟悉领域的挖掘至最好"也是一个理性创业选择。这是本书的预判断基本一致。

对于上述数据,本书进行了比率检验:

$$Z=\frac{p-\pi_0}{\sqrt{\frac{\pi_0(1-\pi_0)}{n}}}$$

标准分数 z 绝对值均大于 1.95。因此,在 0.05 水平上,认为农业众筹发起者认知方式与成熟企业存在显著差异,即假设 H1 得到支持。成熟企业现金流约束相对通常宽松、技术储备也相对丰富,在行业内处于一定优势地位。因此,对于那些成熟企业而言,不难理解的是常用不断改良及提升能力学习方式应对竞争与发展挑战。当然,Yeung Arthur 的研究背景是组织学习正方兴未艾之际。全面质量管理、六西格玛管理、ISO 9000 等认证等尚在被接受与推广。标杆学习及实验学习的功效尚未被充分认知。其实,新近研究表明,创新实验与研发投入在新经济环境下占有越来越大的比重。企业能否鼓励员工创造、尝试、实验与众不同的新意,正成为成功的关键因素。

表 4-5 农业众筹学习方式非均衡假设检验

认知方式	一般企业(成熟)		农业众筹		比率检验 z
	使用程度(π_0)	标准差	使用程度(p)	标准差	
提升能力	71.6%	0.84	22.2%	0.68	−28.6653
不断改良	70.6%	0.77	41.1%	0.74	−16.943
实验学习	62.2%	0.80	32.2%	1.87	−16.1892
标杆学习	58.5%	0.84	87.6%	1.48	15.45384

说明:数据来源于:杨国安,大卫·欧瑞奇.学习力:创新、推广和执行[M].北京:华夏出版社,2005

与那些成熟企业相比,农业众筹发起者显然采用非均衡学习策略。确切地说,模仿是那些初创企业获得生存空间的手段。标杆学习就是"船小好调头"的写照。正如前文所指出,困扰当前农产品奖励众筹实践的是公众对食品安全问题的担忧。食品安全的承诺与产品质量的披露效率往往是决定农业众筹项目成败的关键因素。曾江洪和李林海(2017)实证显示,产品质量信号和管理质量信号能够正向影响项目成功。王萍萍等(2018)强调,质量信号显示对于农产品奖励众筹具有显著影响。因此,众筹发起者需要及时和充分地披露农业安全生产管理信息,以消除投资者对产品质量的顾虑。如商标、源产地、行业标准、质量论证等往往是发起者重要披露的内容。相比之下,创新与新颖特征对于农产品奖励众筹的重要性退居次要地位。当然,也不能由此就认为,初创企业缺乏创新。因此,本书的研究结果表明,农产品奖励众筹发起者总体是理性的。

2. 农业众筹创业学习的性别差异假设检验

早期如 Slater 和 Narver(1995)的组织行为学研究强调,只有当领导行为模式与组织学习有效结合才能提升组织绩效。在研究过程中,有的研究者甚至可将组织学习视为领导行为影响组织绩效的中介变量。如魏江和焦豪(2008)研究认为,学习可以成为创业导向与创业企业动态能力的中介变量。黄佳和李丹(2009)、李璟琰和焦豪(2008)则进一步指出,创业学习也可以成为创业导向与创业绩效的中介变量。长期以来,领导行为风格的性别差异都是管理学、社会学所关注的热点领域。早期研究就发现,女性领导者和男性领导者在某些特定行为方面存在具体差异。如 Eagly 和 Johnson(1990)的元分析发现,女性领导者倾向民主式,而男性领导者偏好专制风格。但在人际导向和任务导向上并不具有显著性别差异。后期的 Eagly 等(2010)文献研究进一步证实,女性领导者具有显著的变革型领导风格,在魅力、感召力、智力激发以及个性化关怀四个维度显著高于男性领导者;相比之下,男性领导者更偏向于交易型和放任型的领导风格。

在创业领域,女性的领导风格研究成果比较缺乏。本书的研究或者能作一个理论补充。根据本书的比率检验结果表明(见表4-6所示):在学习策略方面,"提升能力""不断改良""标杆学习"方面均存在显著差异。根据本书的数据,女性倾向于借助于外力(如"挖人"等)发掘新领域,对于既有领域则可能依靠自己"深耕细作"。总体上,本书的结论符合女性领导行为学研究观点。

需要指出的是,在"实验学习"方面,无论是女性与男性的农业众筹发起者都表现出一定的一致性。对于农产品奖励占据主体的农业众筹而言,实验创新相比于食品安全或许更能够吸引投资者的注意。在追踪行业标准方面,男性创业者似乎更加热情。查阅相关资料,本书发现,男性创业者更加愿意进行产品质量论证投资,也更加注意知识产权保护。Vinkenburg 等(2011)认为,女性领导所具有的变革型领导风格更加适应现代管理的需要,那么,女性创业者取得成功或许是可以期待的。当然,影响创业是否成功的因素是复杂的,学习方式与认知模式只是其中比较重要的因素。假设 H2 得到部分支持。

表 4-6 农业众筹学习方式的性别差异假设检验

认知方式	女性		男性		比率检验 z
	使用程度(π_0)	标准差	使用程度(p)	标准差	
提升能力	33.98%	1.08	15.91%	0.84	−8.06196
不断改良	61.69%	1.07	30.09%	0.87	−13.7276
实验学习	33.19%	1.20	31.67%	1.80	−0.68404
标杆学习	79.47%	1.08	91.94%	1.84	6.519402

3. 农业众筹创业认知的众筹模式差异假设检验

当前,奖励众筹是大多数众筹平台的农业众筹项目主流模式。相比之下,农业股权众筹往往比重则较少。根据本书的数据(如表 4-7 所示),以股权众筹为代表的农业众筹普遍标榜"实验学习",甚至高达近九成。另外,"提升能力"也显著地高于"奖励模式的农业众筹。换言之,股权模式的农业众筹呈现出一定的追求创新的动机。在农业众筹领域,相比于奖励众筹,股权众筹通常只是"承诺"未来交付的产品或服务,涉及未经证实的技术。由于奖励众筹可以避免稀释。因此,那些高质量项目较少使用股权众筹融资。"时间换空间"或许是股权众筹说服资本市场的策略,因而表现更多探索学习倾向。因此,假设 H3 得到部分支持。

表 4-7　农业众筹学习方式的模式差异假设

认知方式	奖励		其他		比率检验 z
	使用程度(π_0)	标准差	使用程度(p)	标准差	
提升能力	18.39%	0.48	37.40%	1.48	−4.60276
不断改良	35.69%	0.57	62.69%	1.87	−6.53901
实验学习	18.19%	1.20	88.11%	1.83	−25.3024
标杆学习	88.74%	1.18	83.05%	1.85	1.776163

4.农业众筹创业认知的众筹经验差异假设检验

大量的众筹研究文献都不约而同地承认，发起者的众筹经历对融资成功具有积极影响。事实上，几乎所有众筹平台都有意或无意地揭示众筹经验。虽然过去的成功并不推演出当下的成功，但成功的众筹经历似乎能够带来信誉、技能等。根据本书的数据（如表 4-8 所示），有众筹经历的农业众筹发起者有更高的可能采用"提升能力"，这可能是由于他们具有一定本行业"人脉"资源。Lin 等（2013）研究发现，筹资方的社会资本因素对于众筹成功与否具有显著正向影响，社会资本越大，其彰显的声誉和信任信号越强，众筹成功的可能性越大。另外，丰富的众筹经历也使得他们积累了一些创业技能，掌握了本行业的一些关键技术，如专利、商标等知识产权，因而更可能使用"实验学习"来开拓新领域或发展创新产品。因此，假设 H4 得到支持。

表 4-8　农业众筹学习方式的经验差异假设检验

认知方式	无经验者		有经验者		比率检验 z
	使用程度(π_0)	标准差	使用程度(p)	标准差	
提升能力	10.39%	0.48	44.7653%	1.48	−10.6027
不断改良	35.69%	0.57	51.4368%	1.87	−4.83226
实验学习	28.19%	1.20	39.8619%	1.83	−3.65623
标杆学习	90.74%	1.18	81.6004%	1.85	3.617619

四、研究总结

众筹在一定程度上克服了传统金融对小微企业的歧视,为那些具有潜质的大众创业项目提供了显示类型的机会。本章的研究表明,初创者存在的认知偏误是当前农业众筹研究所需关注的问题。该研究是一个很有潜力的研究领域,需要跨越认知科学、创业学和组织学习理论等领域。虽然认知偏误帮助创业者发现机会,但也可能导致错误的创业决策。如果认知偏误对成功创业具有消极影响,那么似乎有理由认为创业学习能够修正认知偏误。不过,认知偏误会阻碍创业者"干中学",过度自信导致创业者难以通过学习来修正既有的信念。可能由于学习成本过高,或者学习时间过长、学习机会过少等主客观原因阻碍了创业者的学习成长。由于创业学习难以改变创业者的心智模式,所以,创业企业学习往往不能与创业企业战略有效关联,导致创业学习与企业绩效关系链具有不确定性。基于上述判断和假设,本章从创业学习视角探讨农业众筹发起者认知偏误。此研究不仅在视角方面有所创新,而且在具体的研究方法亦有所不同。本章研究发现:

(1)资源的稀缺性导致农业众筹发起者采取非均衡的学习方式。由于缺乏支持创业学习的组织惯例与系统规则,非均衡的创业学习容易导致失败。创业者或者风险偏好,热衷开拓新领域,持续探索学习;或者风险规避,专注于既定方案,持续开发学习。

(2)正如一些创业者的性别分析研究所表明的,创业者的个人特质对于决策的影响最大,其次才是企业从事的业务能力(Tinkler 等,2015)。本书的研究也证实,在农业众筹领域,女性表现出不完全相同于男性的特殊创业能力和偏好。相对于其他领域,农业众筹领域女性发起者占据了一定的比重,似乎也更容易取得成功。

(3)虽然奖励众筹是农业众筹的主流模式,但股权众筹对于农业创新与创业具有战略意义。总体上,奖励众筹与股权众筹是两种不完全相同的商业模式,各具优劣。奖励众筹的投资者一般为大众消费者,门槛较低;股权众筹项目的周期长,盈利空间大,通常适用于那些具有长期发展空间的产品或服务,其投资者一般为具有一定经验的合格投资者。因而在农业领域内得到广泛应用是可以理解的。虽然如此,一些实证表明奖励众筹与股权众筹两者融资效率重要的因素具有一定的相似性(张燕华,陈肖华,2018)。相比于奖励众筹,股权众筹通常只是"承诺"未来交付的产品或服务,涉及未经证实的技术。因而,农业股权众筹呈现出追求创新的冲动。"创新策略"或许是农业股权众筹发起者说服资本市场的手段。

(4)与相关研究结论一致,本章研究表明,众筹经历是一个能够吸引资本市场的"标签"。那些惯性发起者或许不仅拥有更多的创业资源,掌握更多的创业技能,也更加熟悉说服众筹市场的手段与模式。众筹融资者的社会关系可以有效地增加融资成功率(Bodily,2015)。事实上,朋友和家人的资金支持是众筹项目初期的主要资金来源(Agrawal等,2014),成功的项目往往在筹资初期能够获得社会网络中好友的支持(Agrawal等,2015;Colombo等,2015)。既然融资者的社会关系能够吸引投资者,那么社会网络分析则提供了农业众筹分析方法(叶静怡,等,2012;王伟等,2017)。

第五章　农业众筹投资者羊群行为研究

不同于一般意义的消费决策,众筹所承诺的产品或服务具有成熟度低、品味小众、风控不完善等特征,因此众筹支持者在决定投入资金过程中也承担了与之相关的风险。在众筹投资者行为特征研究中,一些学者认为存在羊群效应。羊群行为是一种模仿他人多于自我理性决策的行为。羊群效应是资本市场中普遍存在的一种现象,是投资者为了节约交易成本而采取的重要策略。羊群行为虽然可能是一种有效的决策模式,然而更可能导致巨大的市场风险。为此,本章将在已有研究的基础上,深入探究我国农业众筹中羊群行为特征,以期在一定程度上缓解农业众筹信息不对称的问题。

一、文献回顾与假设提出

(一)文献回顾

尽管众筹存在信息不对称,但目前学界并没有找到衡量众筹信息不对称性的测量变量。在此背景下,羊群行为作为一个可供选择的代理变量引得学者关注。有学者用"信息瀑"说明羊群行为机理,强调羊群行为的本质就是个体信息处理能力不足以应对信息过载。还有学者研究发现 P2P 市场中存在策略羊群行为。互联网金融羊群行为业已得到国内外学者的普遍关注与承认。有观点认为,线上羊群行为具有一些不同于线下羊群行为的特征,如社交性、互动性及可观察性(Langley 等,2014)。文献整理表明:投资者的搭便车行为表现为投资倾向随着前期投资资本的积累而增加(Agrawal 等,2011),倾向于接受和跟随那些已获较多融资的项目(Hildebrand 等,2016;Zhang 和 Liu,2012;Freedman 和 Jin,2011;Kuppuswamy,2013)。有学者发现,目标完成率越高则支持者数量的增加越多。对于众筹搭便车行为,曾江洪等(2019)概括为投资者观察学习和交流学习。前者是指投资者通过查看项目介绍、发起者资料、他人评论等获取知识;后者是指投资者通过与发起者或其他支持者进行交流来以获取知识。问题是,在认知偏误的驱使下,投资者的学习最终可能导致羊群效应。

综合相关研究,众筹羊群行为具有如下一些特征:(1)截止日期效应。Mollick(2014)将众筹羊群效应描述为截止日期效应。即在临近众筹项目最后期限之前投资人才选择投资项目。其实,截止日期效应普遍存在于竞拍活动中。观察表明,通常在截止时间前的一段时间会出现较多竞拍者。个体众筹投资者的投资倾向随着积累的资本迅速增加(Agrawal 等,2011)。在筹资活动结束前,这种加速尤其强劲(Zhang 和 Liu,2012),由于人们认为目标将实现,因而会降低个人的资金倾向(Kuppuswamy 和 Bayus,2013)。(2)朋友和家庭资金在众筹筹资的早期阶段起着关键作用。既然远程投资者在不同程度上依赖他人在投资决策中披露的信息,那么发起者朋友和家庭在筹资早期的投资能够为后来的筹资者产生信号效应(Agrawal 等,2011)。一些研究者强调,前期投资对后期投资具有暗示作用,最终可能引发众筹的市场效应。(3)投资者对于众筹结果过于乐观。Mollick(2014)发现,超过86%的资金来自距离企业家60英里以外的个人,创建者和投资者之间的平均距离约为3 000英里(Agrawal 等,2011)。曾江洪等(2018)认为,支持者只关注融资成功项目,不关注融资失败项目。那些缺乏经验和过于乐观的投资者不仅可能将资本引导到不良项目上,而且可能使自己遭受彻底的欺诈。曾德国和张凤军(2016)认为,消费者在众筹购物中可能存在对产品的理解偏差。(4)资金出现严重尖峰现象。在信息严重不对称和制度配套不健全的众筹情形下,资金配置往往缺乏效率。研究表明,2006年至2009年,尽管61%的创建者没有筹集任何资金,但约0.7%的创建者所筹资金占总筹集资金的73%以上(Agrawal等,2011)。同样,Kickstarter众筹网站平台的结果也存在很大偏差,甚至对成功资助项目的样本进行了调整:1%(10%)的项目占36%(63%)的资金(Agrawal等,2013)。

在众多羊群行为测度方法中,典型代表有LSV模型。LSV模型开创性地使用股票交易数量特征来衡量羊群行为。沿用此逻辑与方法,研究者证实,羊群行为在传统金融市场的上涨和下跌两个阶段中显著存在,且不同行业的羊群行为程度也有差异(张长江,等,2019)。关于众筹羊群行为,Hildebrand等(2010)认为,市场中的羊群行为对潜在众筹出资者起正向激励作用:潜在投资者会主观认为,已有出资较多的融资项目质量较高。钱颖和朱莎(2017)发现,众筹现有投资者数量会刺激潜在投资者跟风。与此同时,亦有研究提出修正观点。例如:Kuppuswamy和Bayus(2011)支持人数和融资金额呈负相关;Burtch等(2013)构建了众筹的"前因和结果"模型,使用"某项目得到的融资金额边际"的概念变量,发现已有的出资者人数和出资额可能负向地影响潜在众筹出资者决策;Yum等(2012)、Hildebrand等(2013)的理解是,已有出资金额被视为是项目质量的标签,因而潜在出资者会跟随出资,从而降低项目融资成本;邓万江等(2018)指出,众筹活动中前期支持的出资行为会影响后续项目转化;陈娟娟等(2017)进一步指出众筹的羊群效应随着项目融资期限呈现出正"U"形变化;刘志迎等(2018)研究认为,羊群行为对奖励众筹投资的影响呈边际递减。Liu(2015)研究发现,当无法分辨已有出资者与筹资人的关系时,部分潜在出资者会潜意识地将"出资"解读为是由于情感偏好、社会责任甚至是"企图与筹资人合谋",因而对已有出资越多的项目减少出资;部分潜在出资者却可能认为,"出资"是出于对筹资人信用和项目质量的了解,因而倾向于对已有出资较多的项目增加支持。可见,众筹的羊群效应具有不确定性。

不过,亦有学者发现,已有的出资者人数和出资额度在特定场景中能够负向影响潜在出资者的动机。对此,王念新等(2016)提出众筹责任扩散效应问题。所谓责任扩散效应是指,当个体感知到较多旁观者存在时,其采取干预行动的可能性就会下降(Darley和Latane,1968)。责任扩散理论对于一些利他行为具有一定的解释能力。Fischer等(2011)发现,如果行为人意识到自己的帮助对于被帮助者重要,那么就会增加自己采取行为的责任感。Caplan 和 Hay(1989)的研究发现,人们如果认为帮助应该由更有能力和经验的人提供,那么自己采取行动的概率会下降。众筹研究使用已有出资信息作为潜在出资者责任感的代理指标,试图检验众筹市场的行为理性。刘晓峰(2019)初步认为,羊群效应和责任扩散效应在筹资的不同时期会发生动态变化。钱颖和朱莎(2017)认为,众筹的羊群行为与行业有关。田歆等(2019)认为,众筹投资者的行为同时受到羊群效应与拥挤效应的影响:在筹资目标完成之前,主要呈现羊群效应;在筹资目标完成之后,羊群效应将会显著弱化。

综上,虽然学者尝试从不同的理论角度去解释众筹羊群效应,但存在一定的分歧。分歧的实质在于对于众筹投资者动机假设的差异。在某种意义上,众筹的社会责任源于投资者的利他主义冲动。本质上,众筹的初衷是激励公众的自愿贡献(Kleemann 等,2008)。个人责任感是利他行为的主要影响因素,投资者会由于责任压力感降低而减少出资的可能。事实上,部分众筹出资者不以获得金钱回报为目的。正如前文指出,非营利众筹更容易获得公众信任和支持,也比其他形式组织更容易成功。扶贫是农业众筹的一个重要应用领域。郑筱婷和商诗语(2019)的实证研究认为,公益特征能够显著提升农产品众筹成功率。农业众筹投资者驱动究竟是物质回报还是责任回报呢?学者没有正面回答。另外,羊群行为的产生与市场不确定性有密切关系。当投资者意识到所面临的风险越高时,越倾向于模仿他人的行为(钱颖,朱莎,2017)。农业类众筹项目技术含量通常不高,普通投资者感知的不确定性低,能做出较为独立的判断。投资者模仿他人的决策主要源于对食品安全性的担忧和尝鲜猎奇的心理冲动。因此,农业众筹投资者行为特征识别是一个"实证研究起步晚,研究成果较少"的重要课题,对于促进农业众筹信息披露具有一定的指导意义,对于农业众筹信息治理具有实践意义。

(二)假设提出

现代营销理论认为,口碑为企业或产品宣传提供了一种廉价的促销工具。

"在线口碑"对消费者的影响超过传统的"口耳相传"(张长江,等,2016)。互联网时代的消费者在做出购买决策时,会习惯性地通过门户网站、在线论坛等查找"在线口碑"信息。"在线口碑"模式与路径符合众筹投资者的行为情景。自众筹项目发布之时起,支持者就项目的某一特征或存在的某个疑问与发起者展开交流,希望通过互动过程获得和了解项目涉及技术的先进性和承诺产品的成熟度。基于众筹社交网络的紧密联系,前期的众筹项目点赞很容易影响后期粉丝的跟进和项目的关注量。由于众筹投资者试图利用他人决策(Agrawal等,2014),因此在众筹研究领域,受关注度通常被作为一个重要变量。所谓受关注度指标是指项目的查看数、点赞数、评论数,这三项指标发生的次数越多说明投资者对该项目越感兴趣,参与投资的可能性也越高。一些研究强调,众筹平台上双方的互动,如评论、关注、分享等行为的数目,是项目质量的有效信号。郭韫丽和尹小莉(2020)研究发现,众筹项目中图片浏览数较高时,关注的人数会持续增多,项目融资也相应地增高。评论数表示投资方跟项目方的互动数量。吴文清和付明霞等(2016)发现,评论数越多的项目口碑越好,投资者越会认可投资行为。张长江等(2016)认为,项目的评价数能够调节下一期支持者人数与前期支持者人数之间的正向关系。刘志迎等(2018)认为,众筹项目的成品数量越多、众筹项目描述更新越多、投资者对众筹项目的喜爱评论数量越多,融资完成比越高。黄健青等(2017)证明评论数量与股权众筹之间存在正相关关系,而翟琳丽等(2017)的研究结果表明,项目评论数量对融资绩效有负向影响。当项目方与投资方的交流增加时,投资方与项目方之间存在的信息不对称就会减少;当投资人增加对某个项目了解,投资人对项目感知风险也会降低。黄漫宇和李若男(2018)将关注次数和分享次数作为农业众筹项目价值的代理指标。对此,本章提出如下假设:

H1a:融资项目的关注数对农业众筹投资行为具有显著影响。

H1b:融资项目的评论数对农业众筹投资行为具有显著影响。

根据现行众筹管理规则,金额目标、回报期限和起投金额是三个必需的要素。一般而言,融资目标越高,众筹融资失败的可能性越高。大多数实证研究表明,众筹最低目标融资金额和项目的持续时间显著负向影响众筹项目成功率

（黄玲，周勤，2014；Zheng等，2014）。而Mollick（2014）的研究认为，最低目标融资金额和项目持续时间对众筹影响不显著。Ahlers等（2015）研究表明最低目标融资额不能显著影响股权众筹项目的成功率、融资金额和融资速度，而Lukkarinen等（2016）则认为最低目标融资额与实际融资额正相关。金额目标同样是奖励众筹研究的重要变量。起投金额是指参与项目最低的金额限制，可将起投额理解为项目准入。田歆等（2019）认为，当筹资目标较高时，筹资期限与筹款金额正相关；当筹资目标较低时，筹资期限与筹款金额负相关。黄健青等（2017）提出关于目标筹资金额与众筹项目成功率正相关的结论。现有文献认为，高起投额和长回报期限可能会将部分投资者拦在门槛之外。如Lukkarinen等（2016）研究的结论表明：起投金额、回报期限对投资人数和融资结果有显著的负向影响。Xiao等（2014）认为，起投金额体现了发起者的信心，因此高质量的众筹项目必然设置项目准入门槛。彭红枫和米雁翔（2017）持类似的观点。不过，Pitschner（2014）发现，较低的融资目标可以吸引更多投资的注意。翟琳丽等（2017）的研究结果表明，起投金额和第一年预计盈利对项目的融资绩效有正向影响。

当然，在不对称信息环境下，低标准的金额目标和起投金额也可能意味着发起者对项目前景或者管理能力缺乏信心。因此，起投金额和金额目标与众筹成功关系可以作为农业众筹投资者行为的重要视角。对此，本章提出如下假设：

H2a：筹资项目的起投金额对农业众筹投资行为具有显著影响。

H2b：筹资项目的金额目标对农业众筹投资行为具有显著影响。

图片和视频是众筹产品和众筹项目直观的表现形式。一些研究表明，图片和视频能够为投资者提供丰富的决策信息，建立起信任机制，激发投资者的兴趣与投资欲望。Mollick（2014）研究发现，图片与视频介绍均与众筹项目的成功显著正相关。王洪伟等（2018）研究发现宣传视频和融资绩效显著正相关。彭红枫和米雁翔（2017）主张将视频作为影响股权众筹项目融资绩效的质量信号。不过，阮素梅和蔡茹雪等（2019）研究认为，图片数量对农业众筹有显著正向影响，视频对农业众筹影响不显著。王伟等（2016）研究认为，视频和图片数量与

众筹的成功率显著负相关。由此,本书提出以下假设:

H3a:图片数量对农业众筹项目的融资绩效有显著影响。

H3b:宣传视频对农业众筹项目的融资绩效有显著影响。

二、研究设计与样本数据

(一)研究设计

羊群行为测定方法主要有"投标间隔时间测定"、"投标份额测定"以及"后续投标测定"(张长江,等,2016)。Ceyhan 等(2011)研究发现,项目开始的第1周与结束前的最后1周筹资金额最多,而中间时段投资者参与积极性不高。中间期越长,筹资成功概率越小(Kuppuswamy,Bayus,2013)。此外,一些研究认为,社会资本在众筹不同阶段发挥的作用存在差异。Agrawal 和 Catalini(2016)、Lin 等(2013)、曾江洪和甘信禹(2014)尝试对众筹融资进行了阶段划分。因此,本章选择采用后续投标法来检验农业众筹羊群行为,即在其他因素不变的情况下,如果前期投资数带动后期投资数的增多,则认为存在羊群行为。在具体研究过程中,使用 Burtch 等(2011)、耀文等(2016)所建议的"边际研究法"。为了便于研究,本书将每个众筹划分为四个阶段。其中,众筹融资期均分为三个阶段:第一阶段(或早期阶段)、第二阶段(或中期阶段)、第三阶段(或后期阶段)。在此基础上,延展了一个第四阶段(或存续阶段)。

正如前文所指出,已筹金额(Ar_t)或支持人数(Su_t)是一个存量概念,不利于揭示农业众筹的羊群行为。为此,本章构造期间已筹金额($\Delta Ar_t = Ar_t - Ar_{t-1}$)和期间支持人数($\Delta Su_t = Su_t - Su_{t-1}$)两个变量作为被解释变量。建立计量模型:

$$Y_2 = \alpha + R'_t \beta + Z'_t \gamma + \varepsilon_t y$$

其中:Y_2 是期间已筹金额和期间支持人数;R'_t 为解释变量向量;Z'_t 为控制变量集合;α 是模型的截距;β 和 γ 分别为解释变量向量和控制变量的回归系

数;ε_t 是随机扰动因素,服从 $N(0,\delta^2)$。

(二) 数据抓取

本书数据来自淘宝众筹平台的农业众筹项目。淘宝众筹属于综合型平台,农业众筹项目数量众多,数据相对全面、真实、可靠。为了获得失败项目数据,第一次数据抓取的时间是 2020 年 10 月,剔除那些处于第 4 阶段和已经成功的农业众筹项目,获得 955 个项目。在后续至 2021 年 3 月期间追踪上述和新增加农业众筹项目,每隔 10~15 天抓取一次。如此不仅可以获得样本动态数据,而且能解决失败项目的数据删失问题。经过数据转换,最终获取 1 295 个农业众筹项目的数据。

表 5-1 变量定义

变量(代码)	简写	描述
被解释变量		
t 期已筹金额(amount raised)	Ar_t	t 期已筹集金额
t 期支持人数(supporters)	Su_t	t 期参与众筹项目出资的总人数
解释变量		
t 期关注数(number of attention)	At_t	t 期对项目感兴趣的人数
t 期评论数(number of reviews)	Rev_t	t 期与项目发起人交流的评论数量
起投金额(initial investment)	Ini	项目规定最低投资金额
筹资目标(financing target)	Tar	项目设置的成功的最低金额目标
图片数量(number of picture)	Pic	发起人提供图片数量
视频数量(number of video)	Vid	发起人提供视频数量
控制变量		
筹资时间(duration)	Dur	接受投资的时间长度
回报时间(return time)	Tim	项目众筹成功后开始回报时间
众筹经验(experience)	Exp	有=1,无=0
更新公告(updates)	Upd	发起者公告更新频率

（三）样本描述

关于因变量(图 5-1 显示)，已筹金额增量和支持人数增量都大略地存在两个峰，即在筹集前期和临近结束时，无论是已筹金额和支持人数都存在明显增量。按照前期研究的观点，在众筹早期阶段的资金通常来自发起者的朋友和家庭的支持。前期投资对后期投资具有暗示作用，最终可能引发众筹的市场效应。与此同时，图示似乎也表明，农业众筹在截止时间的前一段时间会出现较多众筹投资者的投资，甚至在筹资期结束后，此倾向仍随着积累的资本延续。一些研究发现，如果项目的初始投资额度能够达到或高于项目融资额目标的5%，其成功率将大大地提升；相反，如果只是一个小额的初始投资，则可能导致成功率的显著降低(Mollick，2014；曾江洪，黄睿，2015)。Burtch 等(2013)认为，已有出资者人数的增加会导致羊群效应显著。

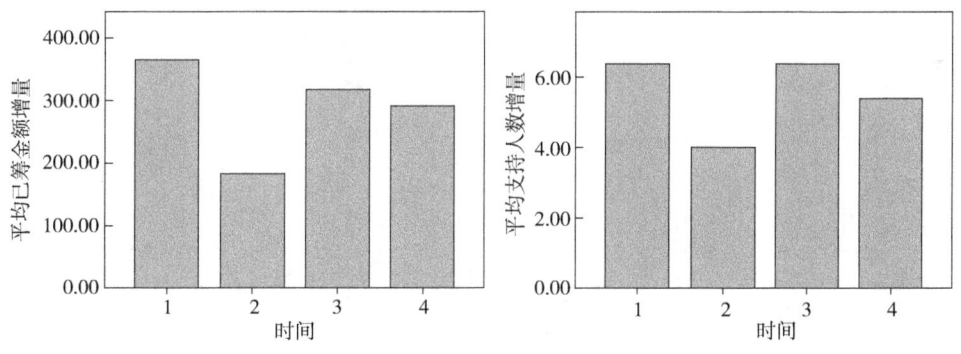

图 5-1 农业众筹投资额与支持人数时序变化图

本章检验了期间已筹金额和期间支持人数之间的相关系数(表 5-2)。不难发现，各期数据之间存在显著相关性，而且第一期数据与后期数据之间明显相关。

综上，农业众筹投资者存在三种效应：

(1)第一阶段主要表现为羊群效应。投资者偏好投资人数较多的众筹项目，投资人在本阶段会跟随专业人士投资或者投资人数较多的众筹项目，所有投资人数会转化为项目的喜欢数，从而吸引更多的人投资。已有出资金额被视为是项目质量的标签,因而潜在出资者会跟随出资,从而降低项目融资成本。因此产生了跟随大多数出资的项目。

(2)第二阶段主要表现为旁观者效应与羊群效应并存。当支持者达到了一定数量时,旁观者效应也会慢慢增强。随着旁观者效应不断增强,羊群效应不断弱化。虽然点赞数、关注数和喜欢数继续增长,但投资者达成率的增长速度逐渐变慢,主要是因为该阶段项目信息更新较慢,投资者浏览到的可能性降低。

(3)第三阶段主要表现为截止日期效应。行为金融理论认为,从众行为往往是为了避免后悔。在众筹投资决策中,随着筹资结束的临近,一些投资者后悔感会变强,换言之,项目剩余天数会对投资者行为产生影响。从上述数据分析表中可以看到,已筹金额与人数成强相关,投资者认为支持的人数较多,说明商品的质量好,会更倾向于投资该项目。剩余天数越短,投资者出于对减少后悔感的考量,会倾向于模仿他人的投资行为。

表 5-2 变量相关系数检验

变量	ΔAr_1	ΔAr_2	ΔAr_3	ΔAr_4	ΔSu_1	ΔSu_2	ΔSu_3
ΔAr_2	0.240***						
ΔAr_3	0.292***	0.165***					
ΔAr_4	0.210***	0.155***	0.196***				
ΔSu_1	0.125***	0.107**	0.105***	0.107**			
ΔSu_2	0.089**	0.105**	0.173***	0.135***	0.256***		
ΔSu_3	0.095**	0.136***	0.105***	0.092*	0.208***	0.130***	
ΔSu_4	0.118***	0.157***	0.143***	0.107**	0.209***	0.151**	0.103***

说明:*** 表示显著水平 $p<0.001$;** 表示显著水平 $p<0.01$;* 表示显著水平 $p<0.05$。

三、回归分析

（一）关于已筹金额增量的回归

建立计量模型：

$$\Delta Ar_1 = \alpha + \beta \Delta Ar_1 + \beta_2 Att_{t-1} + \beta_3 Rev_{t-1} + \beta_4 Ini + \beta_5 Tar + \beta_6 Dur + \beta_7 Tim + \beta_8 Exp + \beta_9 Pic + \beta_{10} Pic^2 + \beta_{11} Upd + \varepsilon_t$$

其中：α 是模型的截距；β 是回归系数；ε_t 是随机扰动因素，服从 $N(0, \delta^2)$。期间已筹金额线性回归分析如表 5-3 所示。

表 5-3 期间已筹金额线性回归分析

变量	基本模型	模型一	模型二	模型三
常数	241.02***	221.55***	241.52***	214.42***
ΔAr_{t-1}		3.005***	1.002*	2.332***
Att_{t-1}		1.297***	1.533***	1.433***
Rev_{t-1}		0.714***	0.780***	0.680***
Ini	−1.205**	−1.052**	−0.852**	−0.755**
Tar	−2.362**	−2.036**	−2.623**	−1.552**
Dur	−2.142**	−2.421**	−1.942**	−1.882**
Tim	−0.222	−0.223	−0.443	−0.425
Pic	0.187**	0.157**	0.153**	0.168**
Pic^2	−0.037**	−0.030**	−0.032**	−0.029**
Vid	1.8661**	1.627**	1.616**	1.622**
Vid^2	−0.351	−0.331	−0.301	−0.291
Exp	1.408*	1.555*	1.480*	1.148*
Upd	0.213**	0.477**	0.548**	0.453**
R 平方	0.333	0.626	0.622	0.636

说明：（1）*** 表示显著水平 $p < 0.001$，** 表示显著水平 $p < 0.01$，* 表示显著水平 $p < 0.05$；（2）基本模型的被解释变量是 ΔAr_1；模型一的被解释变量是 ΔAr_2；模型二的被解释变量是 ΔAr_3；模型三的被解释变量是 ΔAr_4。

根据表5-3可以得出以下一些结论:

(1)上期间已筹资金额增量(ΔAr_{t-1})显著影响本期间已筹资金额增量(ΔAr_t)。前期间已筹资金额越多,本期间已筹资金额也越多。

(2)在交流互动方面:上期关注数(Att_{t-1})、上期评论数(Rev_{t-1})显著正向地影响本期间已筹资金额增量。因此,假设H1a与H1b得到支持。

(3)在众筹设置方面:众筹目标金额(Tar)、起投金额(Ini)显著负向地影响本期间已筹资金额增量。由此表明,筹资目标高和起投金额高的农业众筹项目并不说明项目价值高;相反,由于投资门槛低,筹资目标低的项目更易满足大众消费热情。

(4)本章的研究表明,视频与图片数量显著正向影响农业众筹成功,却均呈倒"U"形。根据本章的研究,两个视频和两个图片的效果最好。假设H3a、H3b得到支持。

(二)关于支持人数增量的回归

建立计量模型:

$$\Delta Su_t = \alpha + \beta \Delta Su_{t-1} + \beta_2 Att_{t-1} + \beta_3 Reu_{t-1} + \beta_4 Ini + \beta_5 Tar + \beta_6 Dur + \beta_7 Tim + \beta_8 Exp + \beta_9 Pic + \beta_{10} Pic^2 + \beta_{11} Upd + \varepsilon_t$$

其中:α是模型的截距;β是回归系数;ε_t是随机扰动因素,服从$N(0,\delta^2)$。期间支持人数线性回归分析如表5-4所示。

表5-4 期间支持人数线性回归分析

变量	基本模型	模型一	模型二	模型三
常数	2.650***	2.255***	2.202***	2.442***
ΔSu_{t-1}		2.005***	2.402*	2.132***
Att_{t-1}		1.019***	1.543***	2.433***
Rev_{t-1}		0.021**	0.780***	0.680***
Ini	−2.205**	−2.052**	−1.852**	−1.755**

续表

变量	基本模型	模型一	模型二	模型三
Tar	−1.116***	−2.036**	−2.623**	−1.552**
Dur	−1.142**	−1.421**	−1.489**	−1.882**
Tim	−0.222	−0.223	−0.443	−0.425
Pic	0.556**	1.587**	1.553**	1.568**
Pic^2	−0.135**	−0.317**	−0.310**	−0.291**
Vid	2.661**	1.827**	1.616**	1.622**
Vid^2	−0.531**	−0.471**	−0.391**	−0.401**
Exp	2.408**	1.555**	1.480**	1.148**
Upd	0.213**	0.477**	0.548**	0.453**
R平方	0.233	0.406	0.612	0.628

说明：(1)***表示显著水平 $p<0.001$，**表示显著水平 $p<0.01$，*表示显著水平 $p<0.05$；(2)基本模型的被解释变量是 ΔSu_1；模型一的被解释变量是 ΔSu_2；模型二的被解释变量是 ΔSu_3；模型三的被解释变量是 ΔSu_4。

根据表 5-4 可以得出如下一些结论：

(1)上期间支持人数(ΔSu_{t-1})显著影响本期间支持人数(ΔSu_t)。众筹人数越多，筹集的资金越多，越能吸引投资者。

(2)在众筹交流互动方面，上期关注数(Att_{t-1})、上期评论数(Rev_{t-1})均能显著正向地影响本期间支持人数。因此，假设 H1a、H1b 得到支持。

(3)在众筹设置方面，众筹目标金额(Tar)、起投金额(Ini)负向地影响本期间支持人数。假设 H2a、H2b 得到支持。

(4)视频与图片数量对农业众筹成功率有显著正向影响。假设 H3a、H3b 得到支持。

（三）进一步的回归分析

前面从期间已筹金额和期间支持人数方面探讨了农业众筹羊群行为。虽然研究基本相似，然而也存在研究视角不够细腻的缺陷。另外，由于研究方法的改进，研究结论与其他文献缺乏可比性。对此，本书引入一个二元虚拟变量

Success 为因变量。当众筹项目成功时,则变量取值 1,否则取值 0。本书构造二元 Logistic 分析模型。

$$ln(\frac{p}{1-p}) = \alpha + \beta_1 \Delta Ar_1 + \beta_2 \Delta Ar_2 + \beta_3 \Delta Ar_3 + \beta_4 \Delta Ar_4 + \beta_5 \Delta Su_1 + \beta_6 \Delta Su_2 + \beta_7 \Delta Su_3 + \beta_8 \Delta Su_4 + \beta_9 \Delta Att_1 + \beta_{10} \Delta Att_2 + \beta_{11} \Delta Att_3 + \beta_{12} \Delta Att_4 + \beta_{13} \Delta Rev_1 + \beta_{14} \Delta Rev_2 + \beta_{15} \Delta Rev_3 + + \beta_{16} \Delta Rev_4 + \beta_{17} \Delta Ini + \beta_{18} Tar + \beta_{19} Dur + + \beta_{21} Exp + \beta_{23} \Delta Pic^2 + \beta_{24} Vid + \beta_{25} Vid^2 + \beta_{26} Upd$$

其中:$p/1-p$ 为优势比,即农业众筹成功与失败的概率比。农业众筹成功率的 Logistic 回归分析如表 5-5 所示。

根据表 5-5 可以得出以下一些结论:

(1)关于期间支持人数和已筹资金,本研究发现对农业众筹成功率影响最大的是第一期间和第四期间支持人数和筹集资金。

(2)关于交流互动,早期的关注数和评论数影响最大,且呈快速递减趋势。

(3)在众筹设置方面,众筹目标金额、起投金额均负向地影响农业众筹成功率。

(4)视频与图片数量对农业众筹成功率有显著正向影响。

表 5-5 农业众筹成功率 Logistic 回归分析

变量	模型一	模型二	模型三
常数	0.785	0.365	0.232
ΔAr_1	2.125***		1.105***
ΔAr_2	0.222**		0.012**
ΔAr_3	1.005***		1.015***
ΔAr_4	2.124***		1.214***
ΔSu_1		2.442**	2.132****
ΔSu_2		1.042**	0.812**
ΔSu_3		2.102**	1.882**
ΔSu_4		2.420**	1.142**
Att_1	1.453***	1.333***	1.111***
Att_2	1.133***	1.023***	1.773***
Att_3	0.780**	0.520**	0.580**

续表

变量	模型一	模型二	模型三
Att_4	0.029**	0.002*	0.003*
Rev_1	1.543***	1.223***	1.043***
Rev_2	1.003**	0.853**	0.553**
Rev_3	0.080*	0.070*	0.005*
Rev_4	0.021**	0.008***	0.008**
Ini	−0.021	−0.033	−0.010
Tar	−0.029***	−0.018*	−0.037**
Dur	−0.030**	−0.425*	−0.029*
Tim	−0.223*	−0.443*	−0.425*
Pic	0.587**	0.553**	0.568**
Pic^2	−0.117**	−0.103**	−0.109**
Vid	1.287**	1.166**	1.226**
Vid^2	−0.301**	−0.291**	−0.401**
Exp	1.555*	1.480*	1.448*
Upd	0.477**	0.548**	0.453**
R 平方	0.466	0.605	0.611

说明：***表示显著水平 $p<0.001$；**表示显著水平 $p<0.01$；*表示显著水平 $p<0.05$。

四、研究总结

为了规避风险，一些投资人不得不跟随支持人数较多的项目，支持人数越多，筹集的资金越多，融资完成比增长越快。项目支持人数大多来自点赞喜欢项目的浏览者，因此提高点赞数至关重要。不过，筹资金额真正增量源自那些深入交流互动的个体。一般而言，众筹项目获得的关注数量越多表明投资者对于项目的关注度越高，评论数量也体现了投资者与筹资者，以及投资者与投资者之间的互动关系；受欢迎的项目往往能获得更多的评论。此外，支持者数量是项目已经获得的投资人数，体现了投资者对项目的认可程度。在众筹平台中，点赞无须任何成本。正是由于点赞行为的不受限，因而喜欢数的增长远快于支持人数，喜欢数越多的项目人气越高，支持人数也会随之增加。点赞虽然不一定导致实质性众筹资金的增加,但可以为众筹项目获得关注。评论数对于融资绩效有显著正相关影响,是因为评论数与潜在投资人对项目的关注度联系紧密,有人愿意提问就表明其有很大的出资可能。

本书研究的不足之处在于:第一,我国农业众筹发展起步较晚,而且高度集中于产品奖励众筹,因而农业股权众筹项目较少,导致了研究样本偏置的问题;第二,项目团队成员背景、视频特征、项目发起人特征、领投人机制等信息挖掘不够深入——这是未来研究的努力方向;第三,相关变量数据的可得性和回归结果的可靠性仍值得探索与检验,不足之处将在后续的研究中得到改善;第四,淘宝众筹的农业项目属于典型的奖励模式,因而研究结论对于股权农业众筹可能不完全适用。

第六章　农业众筹描述文本说服研究

既然投资者的市场信心与信任是基于发起者所提供的描述性信息,那么发起者在平台上展示哪些信息及如何展示信息,才能够提高众筹融资的成功率呢？在众筹中,描述性信息就是筹资者填写的有关自身状况的叙述性语言。正如一些研究所强调的,高质量视频和专业性的文字描述等能够形成口碑效应,从而有助于筹资成功(Mollick,2014)。根据现代营销学,口碑营销具有"感知"和"说服"两种效应(王伟,等,2016)。在众筹领域,感知效应是源自项目描述文本关于产品基本质量信息陈述所产生的营销影响,已经有众多研究文献涉及和讨论,但项目描述文本语言的说服性以及说服性效果的研究相对欠缺。更具体地说,在众筹项目描述文本量化研究领域,虽然已经有一些学者进行了探索,但分析框架仍没有成熟。对此,本章应用扎根理论(the grounded theory)进行项目描述文本说服建模,试图解释农业众筹信息治理。

一、文献回顾

（一）说服研究进展

说服指的是通过大众传播媒体对于各种不同的受众施加了不同程度影响而导致不同受众的态度发生或多或少的变化的过程。在传播媒体学中,说服指的就是态度的改变,是"由于接收他人所发出的信息而导致态度发生的改变"。简言之,说服是引起人的态度改变的行为(Burgers, de Graaf,2013)。学者对说服进行了大量的研究,也取得了丰富的成果(马向阳,等,2012)。一般认为,说服研究至少可以追溯至 Aristotle(1954)的《修辞学》。Aristotle 将演讲"得以说服的原因"归结为逻辑(Logos)、人格(Ethos)和情感(Pathos)等风格或策略。现代意义的说服研究最初就是为竞选和战争动员服务的。随着社会快速发展,说服研究转向为商业服务,更加突出工具主义的倾向,强调策略和技巧的应用。实际上,说服研究选题已经越来越细致,成果越来越丰富。

说服研究是由卡尔·霍夫兰提出的一个截至今受众仍然很广的研究课题,主要研究的是传播的说服效果,是一种纯效果性的研究,是现代态度改变研究的开端,也是大众传播理论若干理论的渊源。在现实社会的大众传播活动中,试图利用大众传播对人们产生影响的现象繁多,包括政治、商业、文化等多种宣传行为,因此,说服研究在实际应用中具有很高的研究价值。

卡尔·霍夫兰在 20 世纪 40 年代进行了军事训练影片研究。霍夫兰研究的理论取向是"学习理论"。他认为受众的态度发生改变同学习有关,并且这一过程是与学习过程相伴发生的。除霍夫兰的说服研究外,早期的说服研究成果还包括了拉扎斯菲尔德的伊利县调查、库珀等人对反对成见的漫画的研究等,这些都能够证明受众的原有态度并不是通过简单的大众传播就能够发生改变的,大众传播与人际传播相结合才是态度改变的关键。霍夫兰的说服研究,其使用价值对传播学的意义是明显的,要想取得良好的说服效果,就不得不采用精巧的说服技巧和劝服艺术。但这样的实验也有缺陷,即太拘泥于个体研究,不具有普遍性。在现实社会中,传播环境通常是不停变换的,且传播主体和传播客体之间都存在较大的差异性。

在说服研究领域,Petty 和 Cacioppo(1986)提出的精细可能性模型(the elaboration likelihood model,ELM)颇受关注。根据 Petty 和 Cacioppo 的研究成果,说服导致态度改变的路径有两个:中枢路径(central route)与边缘路径(peripheral route)。概括起来,中枢路径处理的是与信息质量相关的论据线索,需要对论据进行仔细思考和理解,态度的改变也更为持久;边缘路径处理的是与信息内容相关的启发式线索,只需要处理与主题相关的小部分信息,态度的改变也相对短暂。与 Petty 和 Cacioppo 的"理性行为观"不同,Maio 和 Haddock(2007)认为,中枢路径与边缘路径的关系是相对的。他们认为,随着动机的加强和能力的提升,个体对信息的加工也会更为深入和精细。如果个体能够对额外的信息线索进行深入加工,那么额外信息就具有同论据相似的说服力。对此,Maio 和 Haddock(2007)提出单模型(unimodel)说服效应理论。单模型将说服信息分为问题相关信息和问题无关信息,并认为这两类信息在说服中是功能对等的(Kruglanski 等,2006;Chen 等,2009)。陈艳艳和李敬东(2020)的连续众筹研究认为,虽然发起人经验(启发式线索)与项目质量(系统式线索)对后期项目融资都有显著影响,然而启发式线索需要通过系统式线索的中介才能作用于后期项目融资。Maio 和 Haddock(2007)认为,不是与态度改变有关的任何信息都具有说服效应,信息是否具有相关性是个体主观认知的结果,且对个人决策有持久影响。单模型虽然不同于其他已建立的说服范式,但也得到越来越多的认可。

(二)众筹文本的说服研究

众筹文本的说服研究可以追溯至金融市场信息披露文本的挖掘。已有国内外学者尝试将文本分析法用于招股说明书、年度报告等,检验招股说明书等是否存在"粉饰"。通过运用"迷雾指数"可以衡量公司年报文本的可读性。Li(2008)研究发现,年报可读性越高的公司可持续收益越高;反之,年报可读性越低的公司拥有更低的持久性收入。Lee(2012)研究了信息披露可读性与股票价格的关系。Loughran 和 McDonald(2013)研究了不同类别的情感词词频对 IPO 首日收益率的影响。郝项超和苏之翔(2014)运用国内上市公司的文本数据实证分析了 IPO 抑价问题。程琬芸和林杰(2013)实证分析了社交媒体文本情感对证券市场的影响。Smales(2014)则构建文本情感的波动性指数。林乐和谢德仁(2016)使用文本分析方法研究了资本市场对于上市公司业绩说明会管理层语调的反应。

创业文献已经证明,创业者有动机通过商业计划的语言操纵(如语气和风格等)来说服风险投资者(Chan,Park,2015;Parhankangas,Ehrlich,2014)。Chen 等(2009)研究显示,众筹发起人有着类似的倾向。在某种意义上,众筹可以理解为发起人通过互联网说服投资者进行提供金融支持的行为。关于众筹描述性信息文本的研究总体较少。在众筹项目中,文本描述属于典型说服信息,所体现的说服效应能够显著影响投资决策(Tirdatov,2014)。如果众筹项目描述文本不能吸引投资者的注意,那么投资者也缺乏深入评估项目的动机。基于 Petty 和 Cacioppo 的 ELM,Allison 等(2017)检验了众筹支持者的动机和能力对中枢路径与边缘路径的影响。研究结果表明,当出资人越有经验、承诺的金额越大时,中枢路径说服效应就越大。相比之下,出资人缺乏经验、承诺的金额较小时,边缘路径的说服力明显。基于 ELM,郝琳娜等(2019)构建起了以项目类型为控制变量,以受项目更新次数与展示图片数量影响的项目客观质量为中枢路径,以受目标金额、已捐人数、互动数影响的项目主观质量为边缘路径的研究模型框架,得出项目主观与客观质量都显著影响日均捐助人数和日均融资额的结论。郑海超等(2015)的研究将发起者信用当作中心路径,社会资本和项目质量当作边缘路径。Bi 等(2017)则将项目质量信号当作中心路径,在线口碑当作边缘路径。刘志迎等(2018)构建了一个以"信任为中心路径,交流为边缘路径"的奖励型众筹研究模型。研究发现,众筹描述性信息文本对融资完成比具有显著影响,且不同特征信息对融资完成比的影响作用不同。与此同时,Maio 和 Haddock 的单模型在众筹领域也得到一定程度的应用。如 Zhou 等(2018)发现,不仅发起人过去的经验和专业知识是值得信赖的线索,而且众筹项目描述段落长度、可读性和情感语气对众筹说服具有正向影响。Mollick(2014)用文字拼写正确率作为众筹项目质量的代理变量。类似地,Bi 等(2017)将字数作为变量预测投资者决策影响。刘志迎等(2018)认为,文字拼写正确率很难作为发起者的形象或信用的测量标准,项目描述的字数也不能表明发起者披露信息的程度。其实,Yuan 等(2016)发现,众筹项目描述研究至少应当深入文本语义层面。在现行低标准披露框架下的众筹项目描述是一种典型的用户产生内容,项目发起者采用的项目描述和推介方式不尽相同。不同类型的语言修辞风格会产生不同的说服性效果。因此项目描述文本说服研究需要考虑语言环境因素。Marom 等(2013)通过文本挖掘发现,项目的文本描述能够激发众筹投资者的投资。Beier 等(2014)也认为,项目推介中丰富的描述和媒介的运用都将提升众筹融资成功率。不过,可供借鉴的农业众筹文本情感分析主要是基于西文环境建模。来自社会学和语言学的既有研究表明,区域的语言、生活、风俗等社会因素影响着认知方式、思想交流和情感表达。

(三)述评

尽管众筹语言说服研究得到了一定程度的探索,但相关研究也存在一些不足。

首先,由于缺乏整体建模,研究结论可能存在某种程度的偏颇。众筹学者大多聚焦项目描述说服研究,少数也涉及交流互动文本,却鲜有学者尝试系统性建模。众筹信息框架毕竟是一个多模块组合系统。在某种意义上,项目描述是主体信息文本,交流互动则是补充信息文本。或者说,交流互动是众筹创建者修补项目描述缺陷和唤起公众情感的重要手段。例如,单泪源等(2017)基于计划行为理论研究发起者信息对农业众筹项目的影响,但忽略农产品信息的影响。王萍萍等(2018)从网页交互行为和发起人资历两方面分析众筹项目融资绩效的影响,但未分析交互内容对众筹项目融资的影响。阮素梅和蔡茹雪(2019)研究,农产品质量认证证书数量、图片数量、社交媒体宣传和评论数量对农业众筹项目融资绩效的影响,却依然没有进行深入的文本挖掘。其实,当个体情绪状态与信息情感相匹配时,信息的说服会更为成功(de Steno 等,2004)。如果将众筹项目描述与众筹交流互动关联,相关研究无疑能够加深人们对众筹的理解。

其次,中文语境的众筹说服研究相对缺乏。当前的研究通常是基于西文语言环境的成果,关于中文的众筹项目描述文本的相关研究相对缺乏。每种语言修辞风格会产生不同的说服效果,因此,不同语言情景的说服研究可能存在差异(Aaker,Maheswaran,1997)。信息框架是指对相同客观信息的不同表述。

研究表明,积极或消极框架对个体可能具有不同的说服效应。通常的研究认为,损失的消极框架比获益的积极框架具有更强的说服效应。显然,信息框架与语言习惯显著相关。虽然农业众筹的地域性是一个有趣的研究主题,然而农业农业众筹的文本情感与地域因素的关联仍有待识别。

再次,众筹说服研究尚未成熟。动机和能力是传统说服研究的两个调节变量。研究表明,如果信息接受者处理信息的动机和能力水平较高,那么其更倾向于采用中枢路径处理信息;如果信息接受者的动机或者能力较低,则更有可能采用边缘路径处理信息。规模小且地域分散的众筹投资者几乎没有机会和能力展开尽职的调查(Mollick,2014),因而试图搭便车地利用他人展开尽职调查(Agrawal 等,2014)。另外,众筹投资者往往过度自信(Mollick,2014),处理信息的能力也相当异质(Davis 等,2017)。因此,众筹说服研究仍需要更多经验数据支持。

综上,本研究从文本挖掘出发,通过构建农业众筹扎根理论模型,着重探讨农业众筹描述性信息文本测量变量。在此基础上,本章实证研究发起者描述性信息文本是否会影响农业众筹融资成功率,以及不同特征的描述性信息对农业众筹融资成功的影响是否相同。因此,本研究对于构建具有可操作和可借鉴的农业众筹信息披露细则具有理论指导意义。研究结果可以加深大众对农业众筹的平台管理理解,促进农业众筹在我国更健康更佳更高速地发展。

二、研究方法

(一)扎根理论动态

扎根理论是一种在经验资料基础上建立理论的定性研究方法(Strauss,1987)。1967 年,美国学者 Glaser 与 Strauss 通过《发现扎根理论:质性研究的策略》(*The Discovery of Grounded Theory:Strategies for Qualitative Research*)将"扎根理论"带入了社会科学领域。在随后几十年中,扎根理论在社会科学领域产生了巨大影响,甚至被誉为20世纪末"应用最为广泛的质性研究解释框架"。扎根理论经历Glaser与Strauss(1967)的经典扎根理论、Strauss和Corbin(1988)的程序化扎根理论和Charmaz(2008)的构建主义扎根理论的演化过程。三个版本的扎根理论分别代表着不同的社会科学方法论思潮(吴肃然,李名荟,2020)。

不同于社会科学研究的"演绎-验证"传统理论逻辑,扎根理论主张通过对搜集的经验资料的归纳,抽象出新的概念和思想,而不是从已有理论及文献中推理演绎出理论框架。虽然扎根理论的初衷是获得新理论,但是Strauss等(1988)认为扎根理论也可以用于完善既有理论。一个完整的扎根理论应用包括资料搜集、编码和饱和度分析。资料来源可以由文献资料、会议文档、访谈记录、媒体报道等构成。编码是扎根理论的重要步骤,一般包括开放性编码、主轴编码以及选择性编码。

为了避免研究者的主观判断影响资料编码,Glaser与Strauss要求研究者尽量"悬置"个人的"偏见"和研究的"偏好",将所有资料按其本身所呈现的状态,使数据分裂为不同等级和不同类型的代码。比较分析法是扎根理论过程最重要的分析方法。通过不断交叉进行归纳与演绎,研究者最终获得理论和假设。理论饱和度分析检验理论框架是否已经涵盖了所有范畴。当开放编码、主轴编码以及选择编码流程完成之后,研究者就要进行"理论饱和度"检验来确定是否需要重复开始编码过程。"饱和"是扎根理论中一个关键概念,为扎根理论运用提供方法论上的正当性。当研究者声称已经达到饱和时,他必须给出有说服力的解释,而不是简单地做出声明。如果达到满意的饱和度时,研究者就可以初步地构建起理论框架。概括起来,扎根理论研究具体流程可描述为:提出问题—收集资料—分析资料与构建理论—得出研究结论。

本书使用扎根理论方法的主要原因是:目前国内外农业众筹的影响因素、应用情境和运作机制研究尚处于探索阶段,仍存在众多问题需要获得数据支持。其实,扎根理论在众筹研究领域得到了广泛的应用。文献整理表明(如表6-1):①研究主题分散。研究者根据自身学术兴趣开展相关研究,对众筹系统的发起者动机、投资者意愿和平台管理等各个方面进行了探索。不过,涉及描述文本的研究文献仍相对缺乏。②研究者构建的模型变量缺乏可比性。由于研究数量的不足,模型缺乏深层次拓展。③缺乏经验数据支持。大部分文献虽然宣称解决了"饱和"检验问题,但缺乏数据支持是普遍现象,亟需更多情境化和本土化探索。

表6-1 扎根理论在众筹领域的应用

文献	应用领域	主范畴
唐泽威等(2020)	公益众筹体验	个体感知、价值体验、技术特征、运营水平、社会关系和社交互动
冯彦杰等(2018)	股权众筹风险	投资风险、管理风险、道德风险、法律风险
赵宇翔和陈立(2016)	众筹模式运用	应用客观条件、应用主观条件、应用技巧
王伟等(2016)	众筹语言风格	诉诸可信、诉诸情感、诉诸逻辑、诉诸回报和诉诸夸张
陶晓波等(2016)	众筹投资意愿	承诺、信任、知觉风险
刘明霞和黄丹(2015)	众筹发起动机	机会驱动、关系驱动、成就驱动、情感驱动、平台驱动
曾江洪和黄睿(2015)	投资价值感知	网站功能价值、回报功能价值、项目质量价值、经济价值、称赞价值、体验价值
李林海(2019)	众筹扶贫绩效	公共关系资源、企业社会资本、多维技术支持、公共资源投入、扶贫绩效
李宗超和谭立勤(2018)	农业众筹	利益激励、信任激励、情怀激励、认同激励、平台激励
王婷和郑阳阳(2015)	众筹风险识别	个人层面的信用风险、国家层面的法律风险、平台层面的操作风险
Gerber等(2014)	众筹发起动机	了解网络功能,激活网络联系,扩大网络覆盖面
Elizabeth,Julie(2013)	众筹发起动机	筹资、扩大工作认知、与他人联系、获得认可、保持控制权、学习筹资新技能
曾江洪等(2019)	众筹价值共创	发起者学习、支持者学习和信息交互实现

（二）关键词库构建

传统的人工精读式扎根理论研究方法在处理海量的农业众筹描述文本时效率不高。对此，本研究将扎根理论和文本挖掘方法相结合，建立农业众筹描述文本挖掘模型。随着文本挖掘与语义分析技术的不断成熟，基于扎根理论研究的文本挖掘早已成为包括计算机科学、社会学、政策科学和管理学等广泛研究领域的新技术。众筹描述文本属于典型的用户生产内容。用户对词汇的使用未必严格遵循语法。不过，频繁共现的关键词具有较大的关联性（Mathiesen等，2014），因此一些研究者采用关键词共现技术进行语义挖掘（王伟，等，2016）。

关键词是代表文本基本特征的词汇。关键词分析法是实现文本分类的有效方法（Goering等，2011），已受到一些众筹研究者关注。例如：王洪伟等（2018）认为，项目描述文本的关键词已被证实能够预测项目成功。王伟等（2016）应用关键词分析法于众筹描述文本说服研究。根据Clifton等（2004）的建议，文本关键词抽取需要解决三个问题（如图6-1所示）：文本选择、关键词抽取方法、关键词数量确定。文本挖掘技术的应用可以满足研究者低成本处理文本信息的要求。制约关键词抽取效率的关键因素是分词算法、分词词库、停用词库。分词过度会导致高频词出现模糊文本特征，分词不足则可能使研究者忽视那些代表性文本特征信号。此问题对于短文本分析的影响可能更加严重，需要研究者付出更多的努力，进行更为精准的判断。因此，建立贴合农业众筹研究的关键词分析方法体系是一个挑战。

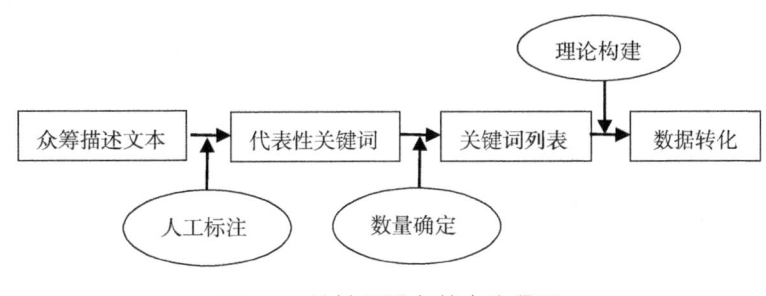

图 6-1　关键词研究基本流程图

本章选择 TF-IDF 算法技术进行关键词提取和概念构建。TF-IDF 算法是一种用来评价字或者词语相对重要性的信息检索与数据挖掘方法,能够减少扎根理论编码工作量,因而得到一些研究者支持。考虑到新词的出现,本章最终选择新词语言的 TF-IDF 算法模型(见"附 2")。给定一个文本片段 w,通过新词语言算法模型计算文本片段的出现概率 $p(w)$,然而 $p(w)$ 的计算通常比较困难。为了简化语言模型,研究者需要使用马尔可夫链进行计算。给定时间线上有一串事件顺次发生,假设每个事件的发生概率只取决于前一个事件,那么这串事件构成的因果链被称作马尔可夫链。根据马尔可夫链,每个单词出现的概率只取决于前一个单词:

$$p(w_t|w_0w_1\cdots w_{t-1}) = p(w_t|w_{t-1})$$

此时的语言模型称为二元语法模型:

$$p(w) = p(w_0w_1\cdots w_k) = p(w_1|w_0) \times p(w_2|w_1) \times \cdots \times p(w_k|w_{k-1})$$

经常出现的文本片段有可能不是一个词而是词组。如"的产品"出现的频率与"新产品"出现的频率可能没有显著差异,然而研究者更可能将"新产品"当作一个新词,因为"新"和"产品"关系更密切些。为了确定新词内部凝合度,程序将 w_1 和 w_0 随机拼接的概率 $p(w_1) \times p(w_0)$ 与实际拼接的概率 $p(w_1|w_0)$ 比较。新词语言模型就是将所有比较值超过预设阈值的文本片段提取出来,作为语料中的词汇输出。当然,如果缺少知识库支持,程序可能无法定义新词的构成。如程序不能够确定"新产品"是由"新"与"产品"构造的,也并不知道"的产品"是"的"与"产品"构造而来。因此,错误的切分方法会导致错误的文本片段凝合程度估计。因此,程序需要穷尽新词所有可能的凝合方式。例如:得出"新产品"这一词语构成结果,是通过比较"新"与"产品"构造概率同"新产"与"品"构造概率而得来的。新词提取不仅需要检查文本片段内部的凝合度,还需要衡量文本片段的左邻字集合和右邻字集合的随机概率。文本片段的自由运用程度是新词判断的重要标准。换言之,文本片段如果能够被识别为一个词,那么其应该可以自如地出现在各种文档中。

程序引用"信息熵"反映文本片段的自由运用度。如果记信息熵 $H(X)$,

$$H(X) = H(P_1, P_2, \cdots, P_n) = -P(x_i)\lg P(x_i)$$

其中,$P(x_i)(i=1,2,\cdots,n)$ 为信源取第 i 个符号的概率。

在编程过程,我们需要设定3个参数:首先,将文本中出现过的所有长度不超过 d 的子串都当作潜在的词;其次,需要对出现频数、凝合度和自由程度各设定一个阈值,然后只需要提取出所有满足阈值要求的候选词即可。

(三)扎根理论编码

为了探究农业众筹描述性文本的结构,课题组选择京东众筹进行资料收集。京东众筹定位为"为有梦想、有创意、有项目的朋友提供一站式的众筹服务,帮助人们的梦想成真"的综合性平台,曾涉及奖励型众筹、慈善型众筹、股权型众筹等多种类型,如今专注奖励型模式,共设置科技、家电、美食、美学、文化、扶贫六个众筹类目。"扶贫"众筹类目主要围绕地方特色农产品奖励项目,采用了"all or nothing"的规则。2021年1—3月,运用软件抓取农业众筹项目文本样本3 210个。经过筛选,剔除一些信息不完全、字数不足50的样本,最终获取2 010个文本。

关键词抽取数量的确定是 Clifton 等(2004)认为的另一重要问题。数量过多,则可能包含一些不具有区分度的关键词;相反,如果数量太少,则可能只提取出代表特定文本特征的关键词。例如:Seo 等(2011)选择10个关键词进行研究,Lee 等(2008)的研究使用500个词进行研究,王伟等(2016)使用49个词进行众筹研究。由于众筹描述文本不是规范性强的文本,因此初始关键词选取不宜过多。在进行关键词提取之前,我们进行了新词识别(见表6-2)。

表 6-2 农业众筹描述文本新词识别

类别	新词
研发类	产品设计、研发设计、研究开发、成果转化、知识产权、平台建设、基地建设
创业类	创业孵化、众创空间、创业投资、天使投资
质量类	检验检测、行业协会、认证服务、专有技术、生态农业
政策类	财政资金、政策扶持、政策环境
创新类	科研院所、技术创新、科技创新、自主创新、产学研
社会类	精准扶贫、扶贫攻坚

在此基础上，本章将新词加入 TF-IDF 库进行分词提取。由于所提取出来的所有字词又可以被分成关键词和无效词汇，因此本章对每篇众筹描述文本的 TF-IDF 算法排序前 20 的关键词进行筛选：①项目描述文本多采取第一人称进行立场阐述或故事讲述，因而"我""我们""本公司""公司""企业"等出现频繁，故对其进行过滤；②文本简介中地域名称也是频繁出现的词汇，有的地域名称，如"江西省""河北省""厦门市"基本属于纯粹地理概念，不能形成品质联想，因而也需要过滤；③产品名称、公司名称、发起者名字等被过滤，如"厦门市明与清食品有限公司""河北骄阳盛世酒业有限公司""李明"等；④结合哈工大停用词表，对副词、语气词以及一些词意不明的新词进行过滤。"附 4"作为关键词初步提取示例。

初始概念的形成是一个十分重要的研究工作。本章使用 ROSTCM6 文本挖掘软件进行相关操作。根据软件运行结果，本章选择出那些在其他文本出现 3 次以上的词 171 个；其次，对含义重复或相近的词进行归并，如"扶贫""脱贫""精准扶贫"等用"扶贫"概念化。再如，"股权""入股""投资""红利""利润""超额""股份""分红""权益"等用"机会"概念化。最终形成 41 个初始概念（见表 6-3）。发现概念之间的各种关联和范畴归类是主轴编码的主要任务。概念的关联方式可以是因果关系、时间先后关系、语义关系、情境关系、相似关系、差异关系、对等关系、类型关系、结构关系、功能关系、过程关系、策略关系等。

表 6-3 农业众筹描述文本初始概念示例

概念	关键词
产品	复制品、纪念品、奖励、农产品、酒
优惠	优惠、平价、低价、成本价、廉价、便宜、抛售
机会	股权、入股、投资、红利、利润、超额、股份、分红、权益
履约	履行、承诺、及时、按时、快速、保证、保障
合同	合同、协议、合约、监督、证明、约定、公证
技术	专利、品牌、发明、创新、称号
质检	质检中心、检测指标、质检部门

续表

概念	关键词
金融	基金、贴息贷款、银行贷款
专业	学者、专家、博士、硕士、老先生、团队
科研机构	高校、院士、学院、大学、科研院所、农科院、科研机构、产学研、研究所
原产地	茅台镇、新疆、烟台
产业	行业协会、产业基地、生产基地
资质	高新技术、示范园、开发区
实验	科技项目、科研项目、实验室、实验基地、实验
比赛获奖	奖励证书、比赛、获奖、被授予、被称为、荣誉
媒体	新闻、评论、报道、专题采访、电视台、报刊、刊物、杂志
组织	政府、合作社、村支部、支书、乡长、县长
扶贫	扶贫、脱贫、脱贫致富、攻坚、革命老区、帮扶、慈善、好人、铭记、忘记、感谢、感激
欠发达	贫困户、建档立卡、贫困、贫困县、落后、匮乏、走不出、面朝黄土背朝天、撂荒
增收	增加收入、助农、销路、开拓、增产、提高利益
利他	参与、帮助、帮忙、指导、合作、协作、指点、支持、给予、期待、智慧、经验
创业	创业、小微企业、返乡、众创空间、事业、伙伴
地域	朋友、家乡、本地、父老乡亲、乡亲们、家乡人、土生土长
亲情	老实人、实在人、儿时、年轻、新生代、聚会、朴实、勤劳、老百姓
安全	人工添加剂、鱼龙混杂、农药、化肥、无公害、侵蚀、污染、膨大剂、喷洒、施肥、损害
绿色	安全、天然、生态、绿色、生态农业、生态发酵、有机肥、循环利用、自然
消费	原汁原味、美味可口、真材实料
养生	养生、健康、馈赠、佳友、保健、安神、健身、健脑
正宗	正宗、真品、独一无二、正品、好货、品质上乘、名优产品
时尚	独特、新鲜、国内外、别致、好奇、稀奇、新颖、簇新、稀奇、特色、特产、罕见
现代标准	质量体系、现代农业、现代生物、现代工艺
管理制度	管理制度、管理体系、标准化、管理认证、质量认证、ISO

本章归纳出5个主要范畴(如表6-4所示)。其中：承诺激励是指农业众筹发起者承诺的实物或精神回报；信号激励是指农业众筹发起者向资本市场发出拥有的专业水平、创新能力、比赛获奖等信号；情感激励是指农业众筹发起者表

述项目的扶贫、帮助、创业支持等利他主义;需要激励是指农业发起者提出项目能够满足投资者在食品安全、健康生活、质量监管等方面的需要;信念激励是指农业发起者向投资者表述项目发展前景。

选择性编码的主要任务是选择出核心范畴。通过对核心范畴及其他范畴关系进行分析和整理,用故事线的方式对整个事件进行描述。根据主范畴必须具有统领性的规则,能够将大多数的研究结果涵盖在一个比较宽泛的理论范围之内。这里的"故事线"是主范畴的典型关系结构,它不仅包含了范畴之间的关系,而且包含了各种脉络、条件。经过对四个主范畴及其附属范畴的分析,可得出本章的核心范畴是"投资者参与农业众筹"。

表6-4 农业众筹主轴编码

主范畴	范畴	概念
承诺激励	投资价值	产品、优惠、机会
	执行承诺	履约
信号激励	协议约束	合同、平台
	创新能力	科研机构、实验
	公共资源	金融、媒体、比赛获奖、组织
	技术保障	技术、质检、专业、原产地、产业、资质
情感激励	扶贫绩效	增收、扶贫、欠发达
	支持创业	利他、创业
	地域情感	地域、亲情
需要激励	食品安全	安全、绿色、消费
	健康生活	休闲、时尚、正宗、养生
	监管能力	生产环境、管理制度、现代标准
信念激励	理想信念	发展、理想
	价值传承	文化传承、技术传承
	远景展望	竞争力、优势

为了能够更好地理解和验证研究的思路,本章使用语义网络阐述农业众筹关键词提取的可行性(如图6-2所示)。语义网络是自然语言理解及认知科学领域研究中的一个概念,是由Quillian于20世纪60年代提出的知识表达模式。

Quillian 使用以带标识的有向图表示人类知识的方法。其中,带有标识的节点表示问题领域中的物体、概念、时间、动作或者态势。节点之间带有标识的有向弧表示节点之间的语义联系。从图 6-2 不难看出,"健康"是农业众筹项目描述的中心词,"市场""销售""发展"为次中心词,该图与表 6-5 相互支持。

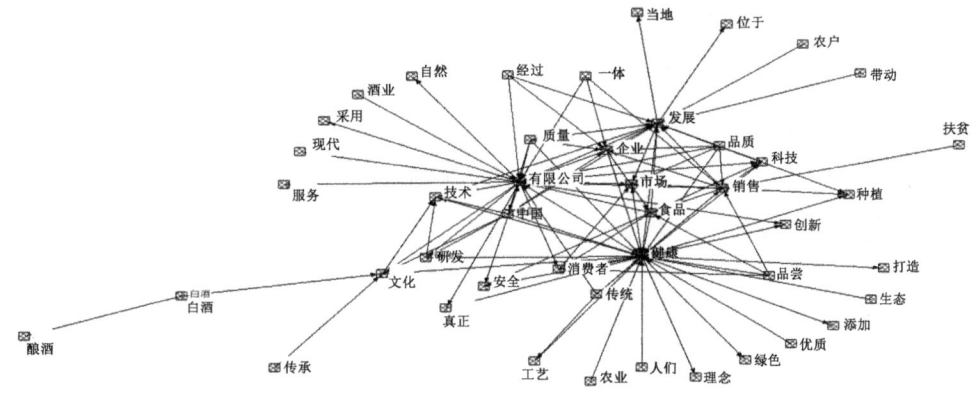

图 6-2　农业众筹项目描述文本语义网络图

三、框架模型与研究假设

(一)框架模型

根据计划行为理论(theory of planned behavior,TPB),个体行为意愿间接影响行为,而行为意愿受到投资者知觉行为控制、个人态度和主观规范三项因素的影响。态度是对特定行为或事物的一种喜欢或者不喜欢的评价性反应。积极的行为评价能够使个体产生积极的行为态度,而消极的行为评价则会使个体产生消极的行为态度。如果个人对特定行为的态度愈强,则态度对个体的信念、情感和倾向影响愈强。主观规范是主体行为所受到来自外界社会环境的影响,是行为主体所感知到的参与某项行为的社会压力。如果个人所感受到的主观规范的影响愈正向,则个人的行为意愿愈强;反之,则愈弱。根据社会认同理论,当个体行为与群体认知相一致时,个体就会产生满意;反之,当个体行为与群体认知有差异时,个体就会产生不满意。知觉行为控制是行为主体感知到的对达成某一行为的难易程度,反映行为主体对影响执行行为因素的知觉。知觉行为控制能力越强,执行行为的可控性因素越多,行为实现可能性越大。如果个人认为自己所掌握的资源与机会愈多,所预期的阻碍愈少,则行为意愿愈强。

计划行为理论在众筹领域已经得到一定应用。如单泪源等(2017)应用计划行为理论探讨在互联网环境下农产品众筹模式的融资影响因素。周劲波和宋站阳(2020)从规制制度、规范制度和认知制度环境的视角,探究成就需求、风险承担、模糊容忍度和创新性众筹模式的影响机理。本章扎根理论所识别的农业众筹项目描述文本主范畴框架与 TPB 模型高度契合(如图 6-3 所示)。

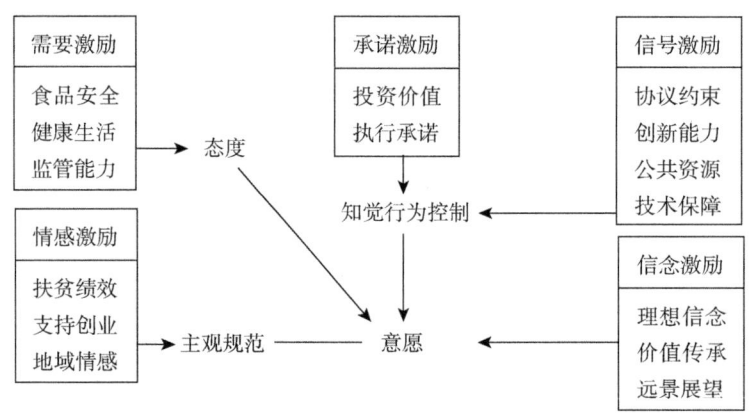

图 6-3 农业众筹项目描述文本说服研究模型

(二)研究假设

关于众筹语言说服测量,王伟等(2016)认为,Aristotle 的说服三元素模式不能概括众筹用户所采用的全部说服风格,毕竟 Aristotle 所推崇的是为庭辩艺术服务的。追求回报是众筹与庭辩本质上的不同点。当然,众筹回报既可以是物质的,也可以是精神的。众筹承诺能使众筹支持者充分了解在参与众筹活动之后所能够获得的奖励与回报。Mollick(2014)研究发现的,承诺实物回报的项目往往比没有承诺实物回报的项目更容易获得成功。对此,本章提出如下假设:

H1:承诺激励对农业众筹投资者具有显著说服效应。

信息源可信度的高低对众筹项目的说服力有重要影响。归纳总结相关文献可以发现研究者普遍相信可信度强的众筹描述文本具有说服力。虽然承诺是一个可信源,然而承诺所产生的信任是不充分的。正如Mollick(2014)所发现,超过75%的受资助项目推迟了产品交付,甚至最终无法交付承诺的产品。由于必须承担着产品质量与发起者承诺不符、产品被推迟交付等风险,公众倾向于支持可信度高的项目(Kuppuswamy和Bayus,2013;Gerber和Hui,2014)。一般而言,信息源的可信度包括专业性和可靠性。专业性是指提供有效的说服性信息的能力。可靠性是指如实提供精确说服性信息的程度。例如:项目描述中的图像或视频就是与融资成功相关联的因素(Mollick,2014;Greenberg等,2013)。此外,研究人员发现,那些体现地理文化的项目更容易获得支持(Hildebrand等,2016;Agrawal等,2014)。王萍萍等(2018)肯定,那些能够证明产品质量的食品类农业众筹项目更可能成功。黄漫宇和李若男(2018)认为,农业众筹价值信号显示具有显著效应。曾江洪和李林海(2017)研究发现,产品质量认证是促进农业众筹项目融资成功的重要信号。阮素梅和蔡茹雪(2019)的研究也认为,产品质量认证证书数量、图片数量、社交媒体宣传和评论数量是农业众筹的积极信号。对此,本章提出如下假设:

H2:信号激励对农业众筹投资者具有显著说服效应。

说服过程不但包括认知反应,还包括情感激励(Hovland,Weiss,1951)。Aaker和Akutsu(2009)的研究显示,同情和共鸣、内疚、幸福和身份认同等因素能够影响人们的投资决策。Byrum(2014)指出,情感因素能够提升在线环境中信息的权威性。Mitra和Gilbert(2014)研究发现,文本情感能够解释58.56%的说服效果。情感唤起对于众筹成功可能十分必要,尤其是对于公益类众筹。Liu等(2016)就认为,众筹交换的不仅仅是资金和产品,还有感情、同情和鼓励等。根据Lambert和Schwienbacher(2010)的研究,大约22%的支持者不接受任何形式的物质回报。Belleflamme等(2010)的研究显示,公益组织要比其他形式的组织更容易众筹成功,非营利性众筹更容易获得众筹支持者青睐。郑筱婷和商诗语(2019)认为,公益特征显著提升农产品众筹成功率。文本的情感极性是文本作者的态度以及心理状态的表现,因此利用情感分析技术揭示项目文本的情感信息是必要的(王洪伟等,2018)。对此,本章提出如下假设:

H3:情感激励对农业众筹投资者具有显著说服效应。

早期的相关文献表明,虽然在公益众筹领域内情感表述被更加频繁地使用,然而情感表述的说服效用总体上是有限的(Ritzenhein,1998)。后续 Myers(2007)研究发现,搅动投资者情绪的更可能是需要的满足而非情感修辞。Goering、Connor(2011)的研究发现:情感诉求对筹资效果的影响不大。安全的需要是马斯洛需要层次论的基石。研究表明,食品安全是影响农业众筹成功率的关键因素。为了吸引资本注意,已有的农业众筹项目在"特色、绿色、健康"等方面的披露不遗余力。对此,本章提出如下假设:

H4:需要激励对农业众筹投资者具有显著说服效应。

既有研究指出,文本提案者会应用充满激情的夸张语言影响投资者决策行为(Rausser,Simon,2015)。向资本市场传达信心是发起者吸引投资的惯常手法。正如认知行为学研究表明,创业者在决策中更多地依赖于启发式,而非分析式和系统式思考,因而更可能高估潜在收益。换言之,创业者之所以选择创业,可能是因为高估创业成功的概率,或者降低了对创业风险的感知。因此,那些众筹发起者更可能表现得言语激昂和过度自信。当然,夸张风格也可能不利于信息传播。Cho 和 Lee(2009)研究发现,个体倾向于将网络文本视作被故意夸大的,即使文本内容本身是客观的。在众筹研究中,项目描述的夸张手法是否有效未得到一致的结论。王伟等(2016)认为,夸张的说服风格在艺术类项目中有显著正相关影响,王洪伟等(2018)则否认了中文情景众筹中的夸张说服风格的作用。对此,本章提出如下假设:

H5:信念激励对农业众筹投资者具有显著说服效应。

四、实证研究

(一)数据来源

本章选取"京东众筹"的农业众筹项目作为数据来源。有效样本2 010个,其中成功融资的项目829个,失败的项目1 181个,总体成功率为41.24%。

(二)变量设计

建立计量模型估计说服风格对农业众筹项目成功筹资的影响,见公式:
$$Success_i = \alpha + R_i'\beta + Z_i'\gamma + \varepsilon_i$$

其中:Success是一个虚拟变量,如果项目i成功,则等于1;如果项目i失败,则等于0。R_i'为农业众筹项目描述文本说服激励变量向量;Z_i'为控制变量集合;α是模型的截距;β和γ分别为文本说服变量向量和控制变量的回归系数;ε_i是随机扰动项。

关于描述文本说服变量赋值,本章根据每个农业众筹描述文本样本分词计数结果进行赋值。正如前文所指出的,众筹描述文本属于典型的用户生产内容,因此采用关键词共现技术识别用户采用的语言模式具有可靠性(Leung 等,2006)。为了提高变量赋值精确度,本章根据表6-4建立关键词的种子词汇库。但是,种子词汇数量有限,不能对所有项目文本关键词进行有效识别。在此基础上,本章基于哈工大社会计算与信息检索研究中心的同义词词林(扩展版)对初始关键词进行扩展。通过人工匹配与计数,本章最终获得解释变量值。除了"承诺激励""信号激励""情感激励""需要激励""信念激励"等五个解释变量,本章还考虑"视频介绍""图片数量""文本长度"对描述文本说服效应的影响。

表 6-5　农业众筹项目描述文本说服研究变量列表

变量名	简写	说明
被解释变量：		
众筹成功（success）	Suc	失败＝0；成功＝1
解释变量：		
承诺激励（commitment stimulation）	Com	关键词评分
信号激励（signal stimulation）	Sig	关键词评分
情感激励（emotional stimulation）	Emo	关键词评分
需要激励（need stimulation）	Nee	关键词评分
信念激励（belief stimulation）	Bel	关键词评分
控制变量：		
视频介绍（video）	Vid	视频数量
图片数量（picture number）	Pic	图片数量
其他变量：		
文本长度（text length）	len	文本字数
众筹经验（experience）	Exp	无＝0；有＝1
支持人数（supporters）	Sup	投资人数
起投金额（initial investment）	Ini	项目最低投资金额
回报时间（return time）	Tim	投资回报时间
筹资目标（target）	Tar	目标筹资额度
筹资时间（duration）	Dur	接受投资的时间长度
公告更新（updates）	Upd	实时更新说明的次数
关注数目（attention）	Att	项目受关注的数量
评论数目（reviews）	Rev	项目提问及评论数量

（三）描述性分析

从表 6-6 的描述可以发现，农业众筹筹资者通常采取多种风格试图激励资本市场。其中，发起者使用最多是需要激励（Nee）方式，试图通过满足需要来打动对方。这是可以理解的,毕竟食品安全问题是农业众筹的"痛点"。另外,情感激励(Emo)也是农业发起者注重的激励方式,如"扶贫""帮助"等词汇经常出现在文本的字里行间。发起者关于众筹回报的承诺(Com)表现的概率相对较小。一个可能的原因是,众筹平台通常设有专门的栏目或文本区域用于介绍项目的回报。一个有趣的现象是,发起者对项目前景都充满自信,都愿意向公众表达强烈的成功信念。本研究发现,视频、图片等手段也得到农业众筹发起者的应用。个别文本甚至提供多个视频供投资者观看。相比之下,图片的运用更加普遍。总体上,农业众筹发起者对于文本撰写重视不够且文本普遍较短。

表 6-6 农业众筹文本说服变量描述性分析

变量	最大值	最小值	平均值	标准差	离差率
Com	5	0	2.41	1.22	0.50
Sig	9	1	3.12	1.24	0.39
Emo	8	0	4.05	1.02	0.25
Nee	8	1	5.23	0.78	0.14
Bel	6	1	3.41	0.98	0.28
Vid	3	0	0.5	0.42	0.84
Ima	4	0	0.8	0.32	0.40
Len	702	50	158	24.3	0.15

(四)回归分析

由于因变量 Success 是一个二元虚拟变量,因而本章选取二元 Logistic 分析模型。

$$\ln(\frac{p}{1-p}) = \alpha + \beta_1 \text{Com} + \beta_2 \text{Sig} + \beta_3 \text{Emo} + \beta_4 \text{Nee} + \beta_5 \text{Bel} + + \beta_6 \text{Len} + \beta_7 \text{Len}^2 + \beta_8 \text{Upd} + \beta_9 \text{Exp} + \beta_{12} \text{Att} + \beta_{13} \text{Rew} + \beta_{14} \text{Ini} + \beta_{15} \text{Tar} + \beta_{16} \text{Dur} + \beta_{17} \text{Tim} + \beta_{18} \text{Pic} + \beta_{19} \text{Pic}^2 + \beta_{20} \text{Vid} + \beta_{21} \text{Vid}^2 + \beta_{22} \text{Sup}$$

其中:$\frac{p}{1-p}$ 为优势比,即农业众筹成功与失败的概率比。从 Logistic 回归

分析结果(见表 6-7)可以看出调整 R^2 为 0.720,说明该模型具有有效性。根据研究可以得出如下结论:

第一,需要激励、承诺激励、情感激励与信号激励都具有显著说服效应。发起者的管理能力、声誉、名气、可信度等对于农业众筹投资者判断项目质量具有较好的指示作用。相比之下,情感激励影响最大,而承诺激励的影响最小。王伟等(2016)和王洪伟等(2018)的研究均表明,情感表达是有效的说服风格。这可能是由于农业众筹项目不同程度地被赋予"公益"或"扶贫"色彩。郑筱婷和商诗语(2019)认为,公益特征显著提升农产品奖励众筹成功率。正如Kleemann 等(2008)所指出,那些愿意支付额外费用,或者追求非货币性社区福利的个体,更可能成为众筹支持者。换言之,农业众筹类项目描述文本应更加注重情感呼吁和表达。因此,假设 H1、H2、H3、H4 都得到支持。

第二,信念激励不能产生显著说服效应。信念表达在众筹描述文本中是一个十分普遍的现象。王伟等(2016)的研究发现,夸张是艺术、电影较为有效的说服风格。王洪伟等(2018)的研究显示,夸张不是显著说服风格。"最好""做强"等词汇的过度使用会导致语义不清,甚至产生歧义和误解(Cepeda 等,2015;王伟等,2016)。本章认为,农业产品创新能力相对较弱,投资者对农产品质量预测能力相对较强。因此,"振振有词"的表达虽然是必要的,却可能产生不了有效的激励作用。换言之,农业众筹项目可信度源于人们对食品安全的考虑,以及对发起者质量管理能力的评价。因此,H5 没有得到研究支持。

表 6-7 项目描述文本说服对农业众筹成功的回归分析

变量名	模型一	模型二	模型三
Com	0.028**	0.028**	0.028**
Sig	0.491**	0.324**	0.294**
Emo	1.283**	1.215**	1.803**
Nee	0.303**	0.213**	0.423**
Bel	−0.378	−0.478	−0.555
len		2.578**	2.666**
Len^2		−0.003**	−0.005**
Vid		0.782**	0.852**
Vid^2		−0.150**	−0.162**

续表

变量名	模型一	模型二	模型三
Pic		0.166**	0.187**
Pic²		−0.035**	−0.037**
Exp			1.253***
Sup			2.528***
Ini			−0.851**
Tim			−0.528
Tar			−0.425***
Dur			−1.808***
Upd			1.602**
Att			1.335**
Rev			1.404**
R 平方	0.322	0.652	0.720

说明：* 表示显著性水平 $p<0.01$；** 表示显著性水平 $p<0.005$；*** 表示显著性水平 $p<0.001$。

第三，王伟等（2016）认为，描述文本的长度与图片数量同项目的成功率显著负相关。本章的研究表明，描述文本的文字长度与图片数量同农业众筹成功的关系曲线均呈倒"U"形。确切来说，虽然描述无须冗词赘句，但适度的文本长度与图片数量都是必要的。根据本研究，250个字符和2张图片的效果最好，这可能是由于图片与视频数量对文本书写产生"挤出效应"。

五、研究总结

众筹的成功率在一定程度上取决于投资者决策的主观因素。影响投资者主观判断的一个重要因素就是发起者的语言说服性。在低标准披露框架下，众筹的项目描述性文本是一种典型的用户生产内容（UGC），呈现出显著的非结构化或半结构化特征。相关研究都认为，发起者可以策略性地运用语言风格"干预"众筹投资者对项目前景的感知，进而影响他们的投资意愿。

本研究项目描述文本语言说服变量对农业众筹成功的影响。在研究过程中,构建各类别的初始关键字列表,并采用哈工大的同义词语义语料库,最后采用计量模型分析语言说服风格对于农业众筹项目成功融资的影响。本章采用扎根理论,借助文本挖掘方法构建农业众筹描述文本的说服模型,该模型包括"承诺激励""信号激励""情感激励""需要激励""信念激励"五个解释变量。研究发现,承诺激励、信号激励、情感激励与需要激励都是显著的农业众筹描述手法。虽然项目发起方可以通过选择信息披露的内容和方式,尽可能地提高项目的融资绩效,但投资者会根据项目的不确定性对信号质量进行判断。项目发起人应当完善农产品品质披露,重视农产品资质认证。发起人还应当重视和挖掘农产品及发起人背后的故事,用众筹故事去打动投资者,形成"以品质服人、以故事感人"的描述模式。不过,阮素梅和蔡茹雪(2019)认为,众筹故事对农业众筹项目绩效的影响是正向的但是不显著,众筹故事对融资绩效不显著的原因可能是:虽然丰富多彩的农产品故事和发起人故事容易引起投资者的情感共鸣,但是消费者更注重农产品自身质量。发起人应及时和充分披露农业安全生产管理信息,以消除投资者对产品质量的顾虑,并且对众筹管理团队的能力、品质、信用、资质等充分披露,以唤起投资者对发起人的信任。

本研究的主要贡献为:(1)基于扎根理论,提出和量化了中文语境的农业众筹描述文本说服模型,在一定程度上弥补了农业众筹研究的不足;(2)创建农业众筹描述文本语料库,采用关键词列表研究方法创新农业众筹说服研究;(3)通过构建计量模型,实证评价农业众筹描述文本说服风格对投资意愿的影响。鉴于各种原因,本研究存在以下有待改进之处:(1)在研究样本方面,本章的研究样本是京东众筹"扶贫"类目,因而研究结论可能存在偏误;(2)在研究对象方面,本章所定义的众筹描述文本外延可能不完全等同于其他研究;(3)在研究方法方面,本章的关键词研究方法在未来可以采用监督或者非监督学习研究加以验证。

第七章 农业众筹评论文本情感干预研究

在现行低标准众筹框架下,交流互动是一个重要的市场活动。通过众筹平台,潜在的和实际的投资者可以在评论区发表评论,表达自己的立场、观点、情感等。因此,通过评论文本的情感分析可以预测众筹项目成功率。同理,如果发起者能够对评论文本的情感进行有效干预,自然可以在一定程度上提升项目成功率。如果发起者对投资者评论情绪的事前干预可归结为项目描述文本的披露,那么事中干预就是针对投资者评论的回复。对此,本章基于深度学习的文本情感分析,综合评价农业众筹发起者对于评论情感的干预效应。

一、文献回顾

(一)农业众筹文本情感分析相关研究

关于交流互动对于众筹成功的重要性,Beier(2014)研究认为,互动有利于形成熟悉的交互模式和稳定的行为预期,从而有利于降低沟通成本。曾江洪等(2019)研究认为,支持者由于对发起者能力、项目产品质量缺乏了解,因而希望通过观察学习和交流学习来解除信息不对称。一些研究强调,评论区评论数量越多,说明对此项目感兴趣的投资者越多,也反映了筹资者对投资者负责的态度,增加了投资者对众筹项目融资成功的潜在信心。Wang等(2018)研究发现,评论数量越多,众筹成功率也越高。郑海超等(2015)认为,评论次数代表投资者与众筹发起人的互动深度。一般而言,评论越频繁,购买者的购买概率越高。Zheng等(2016)提出,发起人与投资者之间的互动有助于建立和增强双方之间的信任,从而提高众筹项目成功率。孟刚(2018)肯定,众筹的交互对众筹融资有正向影响。吴文清和付明霞等(2016)实证发现,评论数越多的项目口碑越好,越容易得到众筹投资者认可。随着研究的深入,一些研究者尝试对众筹交流互动文本进行情感分析。在线评论对消费决策有用性源自于个体对评论情感的认知。文本情感分析是对新闻资源、媒体评论等带有情感色彩的主观文本进行提取、分析、处理、归纳和推理的研究工作。因此,文本情感分析是众筹领域具有前景的研究工作。例如,Wang等(2018)研究认为,评论情绪对众筹融资成功有积极影响。Courtney等(2017)探索积极情绪和消极情绪对众筹行为和结果的影响。

众筹文本情感分析可以获得在线网络口碑研究支持。已经有学者发现,在线评论是最有效的市场分析工具,因为人们的网络行为会依赖于其他消费者的评价。通过对非结构化的评论文本分析,研究者可以获得消费者的情感极性。网购评价情感分析最常见的是褒贬二元分类法。一些研究表明,相对于正面和中立评论,负面评论包含的信息可能更准确。郝媛媛等(2010)发现评论的正负情感、表达方式、平均句子长度等都会影响评论信息质量。Mudambi和Schuff(2010)认为,负向评论更可能被网购消费者识别和关注。Bambauer和Mangold(2011)证明了负面在线口碑传播能够产生品牌淡化。李爱国等(2017)研究发现,在线负面评论对消费者购买决策具有显著负向影响。除了情感倾向分析外,一些研究者对情感强弱进行了测量与评价。情感强调是情感分析的重要内容。一些在线评论研究认为,负面评论对消费者影响与情感强调呈非线性关系。Cao等(2011)认为,高强度的负面评论产生的影响反而有限。Korfiatis等(2012)认为,极端正面或负面的评论均可能被忽略。蔡淑琴等(2017)研究认为,强负面情感降低了负面评论有用性,中负面情感则可以增加负面评论的有用性。另外,一些营销研究通常从信息的说服性来关注消费者评论的质量,客观和易理解的强信息比主观和情绪化的弱信息更有效。这些研究均肯定负面评论管理的重要性。

正如一些营销研究所指出的,在线评论回复的目的是为了减轻负面评论对品牌消费产生的不利影响。在某种意义上,评论回复被理解为某种形式的服务补救。例如:Lee和Blum(2015)研究发现,评论回复可以降低负面评论的消极影响。李爱国等(2017)研究认为,商家回复本身隐含着对潜在消费者在线行为的影响。郑春东等(2015)认为,负面评论回复不仅可以消除负面评论影响,还可以向消费者传递产品质量信息。众筹平台不仅使得筹资者和投资者在评论区进行交流,也允许筹资者对这些评论进行回复。Wang等(2018)研究发现,回复长度和速度等对众筹成功有积极影响。然而,正如一些研究所指出的,众筹发起者参与交流互动的动机具有一些特殊性。例如:Gerber(2014)发现,"与他人交流""建立社会网络"和"获得成功经验"是发起人利用众筹融资的重要动机。Stanko和Henard(2017)认为,获得支持者的反馈和创意是众筹交流互动最重要的目的。良好互动既能够提高投资者的参与体验,又能够改善投资者的预期。曾江洪等(2019)指出,通过与用户互动,发起者可以挖掘客户需求信息,获取资源价值,促进产品开发、项目开展和问题解决等。显然,众筹发起者的评论回复具有一些不同于通常在线评论回复的使命。遗憾的是,相关研究相对缺乏。

(二)文本情感分析研究方法改进

情感分析主要有基于情感词典研究法和基于机器学习研究法。词典的情感分析方法是主要基于情感词典和规则,通过对文本进行段落拆分、句法分析,从而获得情感分值的研究方法。早期的情感分析通常是利用情感词典的研究。情感词典大致可以追溯到 Whissell(1998)的研究。根据参与方式不同,情感词典的构建可分为人工构建和自动构建两种模式。人工构建情感词典主要通过既有的情感资源进行扩充标注而形成各种情感词典。手工构建情感词典较多是基于褒贬的基础性情感,较少针对喜、怒、哀、乐、悲、恐、惊等情感。目前,人工构建的情感词典主要有:哈佛大学的情感词典 GI(general inquiry)、匹兹堡大学提供的 Opinion Finder 情感词典、伊利诺伊大学提供的 Bing Liu 词典、普林斯顿大学构建的情感词典 WordNet-Affect。

虽然人工构建情感词典在扩充词条信息和操控方面有一定优势，但是扩充范围有限且维护成本较高。近年来，自动构建情感词典逐渐成为情感词典发展方向。自动构建情感词典的方法起源于 Hatzivassiloglou 和 McKeown(1997)、Hatzivassiloglou 和 Wiebe(2000)的研究。当前自动构建情感词典方法主要基于知识库和语料库。目前比较有代表性的语料库有：由 IMDB 的电影评论构成的康奈尔影评据集(Cornell movie-review datasets)、多视角问答(multiple-perspective question answering)的新闻语料库、格拉斯哥大学的 TREC 测试集、美国伊利诺伊大学的电子产品评论数据集等。基于知识库构建的情感词典具有强通用性，却也存在精度不高的缺陷，另外，由于缺乏类似 WordNet 的高质量知识库，大部分语种无法使用知识库构建情感词典。为了解决某些特定领域的情感分析任务，一些研究者尝试构建相应的语料库。虽然基于语料库的情感词典能够较好地提高情感分析的精度，却也存在适应性差等问题。如果将特定领域的情感词典运用于其他领域的情感分析，词典评估的召回率通常较低。

与英文的情感词典丰富资源相比，中文的情感词典仍存在众多有待探索的主题。当前主流中文情感词典包括：波森自然语言处理公司的 BosonNLP、清华大学李军中文褒贬义词典(TSING)、台湾大学 NTUSD 和知网推出的 Hownet 等。研究表明，中文情感词典在体育、商品评论以及影视评论等领域得到应用，并有较好成果。国内中文信息学会、中国计算机学会相继举办中文情感分析评测活动，不仅推动了相关领域学者的交流和学习，并为不同领域的情感分析任务提供了人工标注语料库。总体上，中文文本的情感词典存在覆盖率较低的问题，只能对日常情感词产生有效解释，对于语境、语义的理解能力相对较弱，在同义词、近义词等识别方面也存在困难，这些缺憾的存在也为中文情感词典研究提供了努力方向。

为了提升情感分析精度，基于机器学习的情感分析得到发展。通过训练数据生成文本情感分析模型，机器学习对测试文本的特征向量有效提取，从而提高文本情感分类方法的准确率。根据模型训练分类算法不同，机器学习可分为朴素贝叶斯(Naïve Bayes,NB)、最大熵(MaxEnt,ME)、向量机(SVM)的研究。

以支持向量机为代表的文本情感分析研究依赖于情感词的统计,较少考虑文本语义信息。与情感词典和有监督的机器学习模型相比,弱监督的深度学习具有明显的吸引力,不仅能自动提取文本特征,还能进行模型修正。通过构建模拟人脑神经网络模型对文本进行特征抽取,从而大大地提高了文本分析的效率。神经网络模型需要运用词向量嵌入(word embedding)技术,将人类语言转换成机器语言。事实上,词向量嵌入模型比词袋模型或单热编码更有效。相比之下,词袋模型获取单词的浅层情感特征。词向量嵌入技术的改进方向就是思考如何将文本的情感信息与词的情境共同编码,如 Milagros Fernández-Gavilanes 等(2016)提出依存句法来判断情感极性的无监督情感分析算法。

(三)述评

根据文献整理可以发现,当前农业众筹交流互动情感分析其实是相当匮乏的。首先,研究内容缺乏系统性。农业众筹情感分析文本材料通常包括项目描述文本与交流互动文本。项目描述文本是众筹创建者发布来吸引投资者注意的文字资料。项目互动文本是众筹参与者在交流互动过程形成关于项目质量的观点和情感表达。一些研究者聚焦于项目描述文本,亦有学者进行众筹交流互动文本的情感分析。然而,两类文本在情感交互关系没有得到揭示。其次,交流互动文本情感分析的研究不仅研究成果数量不足,而且缺乏研究深度。现有的少量研究集中于情感极性对众筹行为的影响,很少涉及情感强度有用性的影响研究。

本研究认为,众筹情感分析至少需要解决以下一些关键问题或挑战:在研究方法层面,由于缺乏众筹情感分析的语料库支持,既有研究者只能借助通用情感词典进行相关分析,因而存在研究结论精度不高之嫌。在建模技术层面,众筹文本情感分析需要处理复杂的"时间顺序问题"。众筹研究表明,前期投资者行为对后期投资者的决策具有暗示作用,甚至存在显著"截止日效应"(Mollick,2014)。众筹的"时间顺序问题"容易导致机器学习建模产生梯度消失或爆炸问题。在文本环境层面,文本情感分析需要考虑语言环境因素。当前可供借鉴的众筹文本情感分析主要是基于西文。语言特征不仅影响众筹的市场认知方式、思想交流和情感表达,而且在一定程度上决定情感分析的资源禀赋。

二、研究假设与研究框架

(一)研究假设

正如前文所指出的,项目描述文本的说服风格能够显著影响农业众筹投资者行为决策。按照Hovland和Weiss(1951)观点,说服不但包括认知反应,还包括情感激励。Byrum(2014)实证指出,信息权威性能够提升在线环境中的情感唤起。因此,众筹项目的描述文本可以看作发起者对投资者的一种情感表达或诉求。Liu等(2016)就认为,众筹交换的不仅仅是资金和产品,还有感情、同情和鼓励等。一些研究者更是建议,发起者应该在文本信息中加入情感因素。Beier(2014)发现,项目描述文本语言和媒介运用能够显著影响众筹融资成功率。遗憾的是,鲜有研究者致力于从情感分析角度将项目描述文本与交流互动文本进行关联。对此,本章提出如下假设:

H1:项目描述显著影响农业众筹评论文本情感。

H1a:项目描述承诺激励显著影响农业众筹评论文本情感。

H1b:项目描述信号激励显著影响农业众筹评论文本情感。

H1c:项目描述情感激励显著影响农业众筹评论文本情感。

H1d:项目描述需要激励显著影响农业众筹评论文本情感。

H1e:项目描述信念激励显著影响农业众筹评论文本情感。

既有研究表明,由于消费者倾向于寻求启发式信息线索来简化购买决策,因此评论回复对于削弱或消除负面评论影响具有重要意义。总体上,评论回复作为在线交易平台中最直接的反馈方式,目前尚缺乏针对其的研究。在众筹领域,潜在的投资者通过观察实际投资者的评论和筹资者的回复,以及自己和筹资者之间进行的交流,来加深对众筹项目的了解,降低投资者感知到的风险。

当项目发起方与投资方的交流增加,投资方与项目发起方之间存在的信息不对称就会减少。在线评论研究表明,评论的回复增加了评论本身包含的信息量,会影响更多的消费者对该评论的感知,最终影响评论的有用性。例如:Wang 等(2018)研究认为,发起者回复长度和回复速度对众筹融资成功有积极影响;Beier(2014)发现,发起人与投资者线上与线下的沟通能够提升融资成功率。对此,本章提出了假设:

H2:回复文本情感对评论文本情感具有显著影响。

H2a:回复文本积极情感对评论文本情感具有显著正向影响。

H2b:回复文本消极情感对评论文本情感具有显著负向影响。

在信息不对称的严峻状态中,一些潜在投资者倾向于关注评论中的情感状态,忽略产品信息收集。已有研究强调,在线评论的情感属性会形成网络口碑(Zhang 等,2010;Xiong,Bharadwaj,2014)。研究认为,在线评论动机包括网络社交参与的快感、经济利益的激励、利他心理等(Hennig-Thurau 等,2010)。类似地,一些众筹研究表明,项目的文本情感等因素,能够提高众筹成功预测的准确性(Mitra 和 Gilbert,2014)。例如,Wang 等(2018)研究认为,评论情绪对众筹融资成功有积极影响。Courtney 等(2017)的研究表明,积极情绪和消极情绪对众筹行为和结果均具有显著影响。张长江等(2016)认为,项目的评价数能够调节下一期支持者人数与前期支持者人数之间的正向关系。刘志迎等(2018)认为,投资者对众筹项目的喜爱评论数量越多,融资完成比越高。黄漫宇和李若男(2018)发现关注次数和分享次数与农业众筹项目价值呈正相关。当然,针对众筹文本的情感分析相对较少。对此,本章提出如下假设:

H3:评论情感对农业众筹成功具有显著影响。

H3a:积极评论情感对农业众筹成功具有显著正向影响。

H3b:消极评论情感对农业众筹成功具有显著负向影响。

(二)研究方法

本章分别使用 ROSTCM6 软件、自编情感词典程序(见附 4 所示)和深度学习的情感分析(见附5所示)。限于篇幅,本章只展示和讨论深度学习研究成果。一般而言,情感词分为"正面"和"负面"两个类别。在情感分析过程中,文本情感是正面的还是负面的判断,是通过句子里面的情感词提取实现的。以标点符号为分割标志,将句子进行切分,提取每个句子中的情感词。情感分析的最小粒度是词汇,但是词汇缺少关联对象。不同的词汇组合所得到的情感程度不同,情感倾向相反。因此,句子成为合理的情感分析粒度。篇章或者段落的情感可以通过句子的情感来计算。

基于深度学习的情感分析,本质是将情感分析作为一个分类过程处理。机器学习通过文本内容结构化获得文本分类器,选择分类算法进行模型训练,并对测试数据用模型来预测结果。在数据预处理过程中,本章人工建立农业众筹评论语料库。训练样本分别被放置在"正面评价"和"负面评价"文件夹,每个文件夹里有约2 000个txt文件,每个文件内有一段评语,共有约4 000个训练样本。本章采用jieba分词系统进行分词,并建立索引。在这个词向量模型里,每一个词是一个索引,对应的是一个长度为200的向量,最后构建LSTM神经网络模型。

(三)变量设计

本章将负面情感与正面情感区分为两种变量(如表7-1)。理由有三个:(1)网络消费者往往比较关注和挖掘负面评论背后的信息。相较于中性和正面评论,消费者通常会认为负面评论更真实和准确。Baumeister等(2011)从心理学的角度解释了负面情感比正面情感对决策效应影响更大。Chen等(2013)认为,之所以正面的在线评论比负面评论更不受重视,是由于正面评价往往比负面评价更多地归因于评价者;而负面评论归因于产品本身的缺陷。(2)可能存在评论操纵。Nan等(2011)研究认为,评论操控会鼓励消费者的购物行为。(3)正面与负面评论对比能够影响消费者决策。例如:Lee等(2008)证明正面与负面评论对比影响消费者的品牌态度。李宏等(2011)研究认为,负面网络评论的数量与占比会影响网络消费决策。Purnawirawan等(2012)证明,网络评论比例和顺序能够影响消费者所感知到的品牌价值及其消费意愿。关于情感程度测量，本章采用以下测量公式：

$$y_n = \frac{\Sigma f_i \times p_i}{n} \qquad y_p = \frac{\Sigma f_i \times p_i}{n}$$

其中：对于 y_n，f_i 是评论 i 极性值（"正面"＝0；"负面"＝1）；对于 y_p，f_i 是评论 i 极性值（"正面"＝1；"负面"＝0）；p_i 为评论 i 情感极性概率；n 为评论总数。

三、样本获取与描述

表 7-1　农业众筹评论文本情感研究变量列表

变量名	简写	说明
被解释变量：		
众筹成功（success）	Suc	失败＝0；成功＝1
解释变量：		
正面评论（positive reviews）	Prev	支持者评论文本的正面情感评分
负面评论（negative reviews）	Nrev	支持者评论文本的负面情感评分
正面回复（positive replies）	Prep	发起者回复文本的正面情感评分
负面回复（negative replies）	Nrep	发起者回复文本的负面情感评分
承诺激励（commitment stimulation）	Com	关键词评分
信号激励（signal stimulation）	Sig	关键词评分
情感激励（emotional stimulation）	Emo	关键词评分
需要激励（need stimulation）	Nee	关键词评分
信念激励（belief stimulation）	Bel	关键词评分
控制变量：		
视频介绍（video）	Vid	视频数量
图片数量（picture number）	Pic	图片数量
众筹经验（experience）	Exp	无＝0；有＝1

续表

变量名	简写	说明
起投投资（initial investment）	Ini	项目最低投资额度
回报时间（returnTime）	Tim	投资回报时间
筹资目标（target）	Tar	目标筹资额度
筹资时间（duration）	Dur	接受投资的时间长度
公告更新（updates）	Upd	实时更新说明的次数

（一）数据抓取

本章的农业众筹数据来源于"京东众筹"（具体参见第四章、第五章）。本研究追踪 1 455 个农业众筹项目，并将每个众筹融资期均分为四阶段。

（二）样本描述

描述性分析表（表 7-2）表明，虽然正面评论与负面评论在最大值与平均值方面较接近，然而正面情感相比于负面情感分布更加分散。理论上，正面评论与负面评论之间存在显著负相关，然而本章的散布图（如图 7-1 所示）表明两者之间不是线性关系，而是"U"形关系。由此，本章推断，农业众筹评论可能存在一定程度的评论操控，即在高负评论的背景下，大部分项目正面评论也较低，另一些小部分项目却可能出现大量的正面评论。

表 7-2　农业众筹评论情感变量描述性分析

变量	最小值	最大值	平均值	标准差
Prev	0.021	0.490	0.30363	0.105648
Nrev	0.165	0.486	0.31017	0.070722

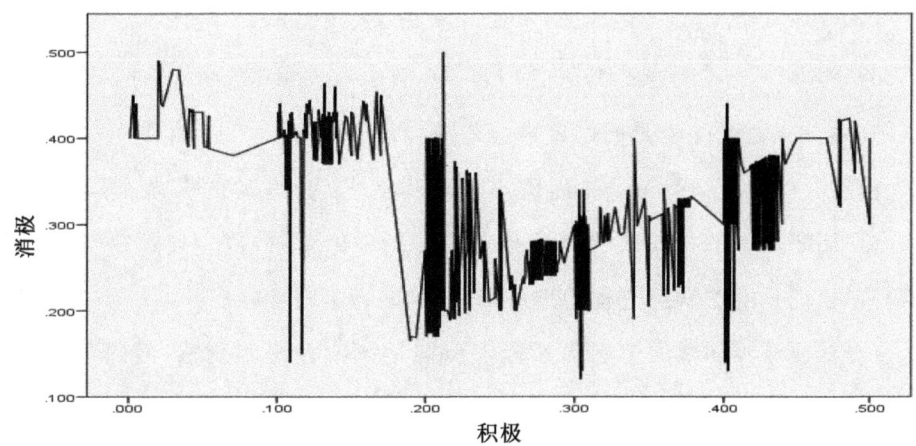

图 7-1 农业众筹评论积极情感与消极情感分析图

根据表 7-3,线性回归模型一系数不显著,而曲线回归模型二显著。模型二表明,在农业众筹范畴,正面评论数量与负面评论数量呈"U"形关系。类似的,Hu 等(2008)研究认为,在线评论情感极化时,不满意的消费者有动机发布负面评论,满意的消费者则有动机发布正面的评论。

表 7-3 农业众筹评论情感回归分析

	模型一	模型二
常量	0.325***	0.611***
Prev	−0.049	−2.45***
$Prev^2$		4.291***
F	2.422	267.333

说明:* $p<0.01$;** $p<0.005$;*** $p<0.001$。

四、研究过程

(一)农业众筹评论正面情感影响因素

为了识别农业众筹评论正面情感影响因素,本章构造了以下计量模型:

$$Prev = \beta_0 + \beta_1 Com + \beta_2 Sig + \beta_3 Emo + \beta_4 Nee + \beta_5 Eel + \beta_6 Prep + \beta_7 Nrep + \beta_8 Vid + \beta_9 Pic + \beta_{10} Exp + \beta_{11} Ini + \beta_{12} Tar + \beta_{13} Tim + \beta_{14} Dur + \beta_{15} Upd + \varepsilon$$

其中：β_0是截距；β_i是回归系数；ε是随机扰动因素。

模型分四阶段检验评论正面情感影响因素。回归结果如下（见表 7-4）：

(1) 回复文本的正面情感容易激发正面的评论情感，这主要体现在众筹的早期阶段，而且随着众筹进程的推进，其影响能力不断下降。

(2) 回复文本的负面情感显然能够负向地影响评论的情感，但回归系数不显著。换言之，发起者"低调"可能换不来投资者正面情感。

(3) 信号激励的影响显著，且在整个阶段一致的显著。可见，农业众筹发起者质量信号能够产生持久的激励效应。

(4) 需要激励对于评论正面情感影响显著，结论表明，追求"安全"仍是投资者参与农业众筹的重要动机。

(5) 承诺激励、情感激励都不是产生评论正面情感的显著解释变量。两者的影响主要在早期阶段，而且存在明显的"疲劳"现象。可能的原因是，随着众筹的推进，投资者获得的信息可能也越多，决策也趋于理性。换言之，回报承诺与扶贫情感对于激发正面评论只是必要的，却不是充分的。

表 7-4 农业众筹评论正面情感影响因素回归分析

	$Prev_1$	$Prev_2$	$Prev_3$	$Prev_4$
常量	145.54	222.25	314.05	214.25
Com	0.352*	0.245	0.152	0.202
Sig	0.825**	1.245***	1.452***	1.542***
Emo	0.522***	0.381*	0.222*	0.242*
Nee	0.525***	0.422***	0.415**	0.105
Bel	0.019	0.009	0.007	0.019
$Prep_1$	1.525**			
$Nrep_1$	−0.032			
$Prep_2$		1.025*		
$Nrep_2$		−0.059		
$Prep_3$			0.525*	
$Nrep_3$			−0.029	
$Prep_4$				0.425*

续表

	Prev$_1$	Prev$_2$	Prev$_3$	Prev$_4$
Nrep$_4$				−0.039
Vid	1.211**	0.900**	1.200**	1.420**
Pic	0.242***	0.441**	0.242**	0.444**
Exp	1.515***	1.205***	1.101***	1.505***
Ini	−1.251**	−0.951**	−0.881**	−0.751**
Tim	−0.545**	−0.345**	−0.441**	−0.645**
Tar	−0.442***	−0.541***	−0.432***	−0.544***
Dur	−1.122***	−0.911***	−0.882***	−0.744***
Upd	1.152**	0.951**	0.812**	0.754**
样本	1055	1012	1144	955
R 平方	0.652	0.522	0.420	0.433

说明：*$p<0.01$；**$p<0.005$；***$p<0.001$。

（二）农业众筹评论负面影响因素回归分析

为了识别农业众筹评论负面情感影响因素，本章构造了如下计量模型：

$Nrev = \beta_0 + \beta_1 Com + \beta_2 Sig + \beta_3 Emo + \beta_4 Nee + \beta_5 Eel + \beta_6 Prep + \beta_7 Nrep + \beta_8 Vid + \beta_9 Pic + \beta_{10} Exp + \beta_{11} Ini + \beta_{12} Tar + \beta_{13} Tim + \beta_{14} Dur + \beta_{15} Upd + \beta_{16} Att + \varepsilon$

其中：β_0是截距；β_i是回归系数；ε是随机扰动因素。

模型分别分阶段检验评论负面情感与回复情感关系。回归结果如下（见表7-5）：

表7-5 农业众筹评论负面情感影响因素回归分析

	Prev$_1$	Prev$_2$	Prev$_3$	Prev$_4$
常量	235.44	422.55	314.45	254.25
Com	−0.352**	−0.245**	−0.152	−0.022
Sig	−0.322**	−0.424**	−0.442***	−0.543***
Emo	−0.422***	−0.812***	−0.722***	−0.922**

续表

	Prev$_1$	Prev$_2$	Prev$_3$	Prev$_4$
Nee	−0.425**	−0.523***	0.416**	−0.605**
Bel	−0.019	−0.009	−0.007	−0.019
Prep$_1$	0.025			
Nrep$_1$	0.159			
Prep$_2$		−0.025		
Nrep$_2$		0.159		
Prep$_3$			−0.155*	
Nrep$_3$			0.151*	
Prep$_4$				−0.225*
Nrep$_4$				0.237*
Vid	−0.511**	−0.211*	−0.281*	−0.136
Pic	−0.442**	−0.242*	−0.332*	−0.122
Exp	−0.315**	−0.555*	−0.205*	−0.135*
Ini	0.651**	0.251*	0.331*	0.157
Tim	0.545**	0.505**	0.245**	0.233**
Tar	0.842**	0.552*	0.442*	0.372*
Dur	0.422**	0.332*	0.222*	0.122*
Upd	−0.425*	−0.125	−0.325*	−0.152*
样本	1055	1012	1144	955
R^2	0.662			

说明：*$p<0.01$；**$p<0.005$；***$p<0.001$。

(1)发起者回复正面与负面情感对评论文本负面情感的影响总体都有限，且在农业众筹前期阶段不显著。换言之，发起者对投资者情感的影响是潜移默化的。

(2)信号激励、需要激励与情感激励显著负面影响投资者评论。那些质量信号、食品安全、公益扶贫等披露不充分的项目都可能导致投资者负面评论。从回归数据来看，影响存在"累积效应"。

(3)承诺激励的影响主要在农业众筹早期阶段。

（三）评论情感对农业众筹成功率的影响

为了研究评论情感对农业众筹成功率是否存在显著影响，本章需要检验农业众筹成功率关于评论情感的回归。由于 Success 是一个二元虚拟变量，因而本章选取二元 Logistic 分析模型。另外，正如 Cao 等（2011）、Korfiatis 等（2012）、蔡淑琴等（2017）研究所指出，情感变量的强度所造成的影响是非线性的，中等强度的情感状态影响最大。因此，模型引入评论情感变量二次项。

表 7-6　评论情感对农业众筹成功影响回归分析

变量名	模型一	模型二	模型三
Prev		0.592*	0.552*
Prev²		−0.252	−0.152
Nrev		−0.743**	−0.537**
Nrev²		1.437**	1.379***
Prep			0.052**
Nrep			−0.016
Com	0.437**	0.201**	0.251**
Sig	0.425**	0.419**	0.459**
Emo	1.377**	1.238**	1.448**
Nee	0.378**	0.305**	0.325**
Bel	−0.589	−0.378	−0.478
Vid	1.200*	1.012**	0.802**
Pic	0.247**	0.147**	0.324**
Exp	1.303***	1.003**	1.223**
Ini	−1.251**	−1.151**	−1.551**
Tim	−0.548	−0.348	−0.555
Tar	−0.442***	−0.542***	−0.742***
Dur	−1.022***	−1.622***	−1.022***
Upd	1.152**	1.152**	1.002**
R 平方	0.662	0.802	0.820

说明：(1) *$p<0.01$；**$p<0.005$；***$p<0.001$；(2) 样本量 1455。

具体模型如下：

$$\ln(\frac{p}{1-p}) = \alpha + \beta_1 \text{Com} + \beta_2 \text{Sig} + \beta_3 \text{Emo} + \beta_4 \text{Nee} + \beta_5 \text{Eel} + + \beta_6 \text{Prev} + \beta_7 \text{Nrev} + \beta_8 \text{Prep} + \beta_9 \text{Nrep} + \beta_{12} \text{Vid} + \beta_{13} \text{Pic} + \beta_{14} \text{Exp} + \beta_{15} \text{Ini} + \beta_{16} \text{Tar} + \beta_{17} \text{Tim} + \beta_{18} \text{Dur} + \beta_{19} \text{Upd} + \beta_{20} \text{prev}^2 + \beta_{21} \text{Nrev}^2$$

其中：$\frac{p}{1-p}$ 为优势比，即农业众筹成功与失败的概率比。

从 Logistic 回归分析结果（见表7-6），可以看出调整 R 平方为 0.8200，说明该模型具有有效性。概括起来，可以得出以下一些结论：

（1）正面的评论对于农业众筹成功具有显著的正向影响，其二次项不显著。

（2）负面的评论对于农业众筹成功具有显著的负向影响。本章的数据显示二次项显著，表明极强的负面评论或极弱的负面评论的影响都不如中等强度的负面评论的影响。此研究结论与其他网络评论研究基本相近。

（3）项目描述文本说服的影响与第六章研究结论基本一致。

（4）研究结论肯定发起者正面的回复对于农业众筹成功能够具有显著的正向影响。说明发起者对众筹评论保持正面和乐观的心态是有意义的。

（5）研究结论同时也指出，发起者负面的回复对于农业众筹成功的影响不显著。

五、研究总结

在线评论情感研究是关于评论情感极性与程度对潜在消费决策影响的评价。这些评论包括用户购物评价、使用意见以及专业评价。在线评论作为潜在消费购买决策的重要依据，越来越受到研究者的关注和重视。相比之下，众筹领域关于评论情感的研究仅停留在有限数据的成果。虽然在线评论情感研究结论可以为众筹评论研究提供借鉴，然而众筹毕竟不是在线消费，其商业模式具有特殊性。研究的假设检验如表7-7所示。本章首先检验了项目描述文本对农业众筹评论情感的影响，研究认为，项目描述文本能够显著影响评论情感。

结论支持了假设 H1。关于发起者回复情感，本研究认为，回复情感能够在一定程度上影响评论情感。研究部分地支持假设 H2。在此基础上，文本分别检验评论的正面情感与消费情感对农业众筹成功的影响。研究表明，虽然负面评论与正面评论都能够显著影响农业众筹成功率，然而负面评论的影响更加强烈。结论支持了假设 H3。

表 7-7 假设检验

假设	正面评论情景	负面评论情景
H1a	不支持	部分支持
H1b	支持	支持
H1c	不支持	支持
H1d	支持	支持
H1e	不支持	不支持
H2a	支持	部分支持
H2b	支持	部分支持
H3a	支持	支持
H3b	支持	支持

本章的研究结论可以为农业众筹在线评论管理、投资者评论挖掘提供理论基础，为发起者实施精准营销或说服提供有益的启示。本研究的局限性在于：首先，缺乏成熟的农业众筹情感主题词库支持，因而研究指标可能存在偏差。关于在线评论质量的测量，一些研究者用评论长度、图片、评论数来衡量评论质量的代理变量，实际上，评论文本分析法对于评论质量测量可能更加有效。这也是今后评论研究的一个方向。事实上，随着评论系统的信息技术改进，评论者可以低成本地提升评论质量，未来的研究应当尝试比较不同的指标间的差异。其次，本章数据来源于爬虫软件抓取结果，只反映了公开的评论与回复，无法捕捉那些通过私聊或者其他方式所进行的沟通，可能会导致研究结论与客观实际不完全相同。未来可以通过实验设计、场景模拟来进行检验。再次，一些研究认为，在线回复能够提高在线评论质量，甚至发现回复越正面，评论内容越长。本章只是从情感角度探索了评论与回复关系，并没有深入至评论者的知识贡献。其实，获取知识贡献是发起者参与众筹的重要动机，因而本章研究结论可能存在偏差。

第八章 农业众筹信息披露平台管理研究

众筹平台作为沟通融资方与投资者的桥梁,既是融资方的辅导者和监督者,也是投资者的利益保护者,是开展众筹投融资服务的承载体。虽然现行众筹平台普遍根据金融监管和行业标准构建相应的投资者准入规则,"all-or-nothing"资金分配机制、信息披露审核等制度,然而在声誉、规模、管理水平与职业判断等方面仍可能存在微妙的差异。问题是,众筹平台类型对农业众筹项目的研究仍停留在理论分析,缺乏经验数据支持。对此,本章通过平台管理对于农业众筹描述项目说服的影响机制的检验,试图阐述农业众筹信息披露的平台管理问题。此研究对于构建具有可操作性和可借鉴性的众筹信息披露细则具有理论指导意义。研究结果可以加深人们对众筹平台管理效能的理解,促进众筹在我国更健康、更高速地发展。

一、问题提出、文献回顾与研究假设

(一)问题提出

从 2014 年"尝鲜众筹""大家种""有机有利"众筹平台的上线开始,国内农业众筹平台得到快速发展。2014 年 7 月底,众筹网宣布进军农业众筹领域;同年 10 月首家收益权农业众筹平台"点筹网"成立。从农业众筹类型来看,自 2015 至 2017 年,专注于农业的垂直型众筹平台数量逐渐减少;截至 2017 年年末,仅点筹网一家垂直型众筹平台仍在正常运营。从农业众筹规模来看,除点筹网之外,农业众筹筹资额主要集中在淘宝众筹、苏宁众筹和"开始吧"等综合型众筹平台。虽然农业众筹既可以在垂直型平台发起,也可在综合型平台发起,然而中国农业垂直型平台数量与规模仍较小。垂直型农业众筹平台具有丰富的农业生产知识和专业团队。相比之下,综合型股权众筹平台往往缺乏专注于农业项目的审核工作。由于我国金融监管体系、金融市场培育、农业发展水平等仍有待改进或完善,因此垂直型农业众筹平台面临的风险较大,成功概率低。相比之下,综合型平台由于拥有经验丰富的团队和较为完善的审核监管机制,农业众筹项目成功率也相对较高。当前多数综合型农业众筹平台多是从互联网切入农业行业。如淘宝众筹、众筹网和京东众筹等在资金、技术、管理、经验等方面实力雄厚。

目前农业众筹平台普遍采用 AON 模式并允许超募,也引入第三方担保和商业保险。众筹融资模式有 KIA("keep-it-all")模式和 AON("all-or-nothing")模式。前者的特点在于,即使实际筹资金额没有达到设定目标金额,发起人仍然可以获取已筹资金。此模式允许发起人在项目资金未充分筹集的情况下启动项目,因而支持者会面临较大的投资风险;后者的特点在于,如果在给定的持续期内所筹金额没有到达设定的目标金额,则项目发起人必须放弃目前已筹资金。此模式限制了发起人在资金不充分的情况下启动项目,降低了项目支持者面临的风险。根据肖建等(2017)(见表 8-1),当前农业众筹平台资金管理的差异主要体现在资金划拨方面。如"大家种"平台需要等待投资者确认回报后才一次性拨付众筹款,因而需要发起者拥有自有资金,以便能够支持项目开展。其他平台都会先期拨付一部分资金支持融资方启动项目。不过,众筹资金划拨方式所承载的资金监管效应目前缺乏研究。

表 8-1 农业众筹平台管理比较研究

	大家种	有机有利	众筹网(农业)	淘宝众筹(农业)
服务宗旨	为农场和家庭建立直接联系的桥梁	专注于生态业众筹和有机食品订制	为农业创业者提供众筹服务;推动中国订单农业发展	以扶持创新孵化创造为宗旨,协助亲们发起创意、梦想

续表

	大家种	有机有利	众筹网(农业)	淘宝众筹(农业)
平台类型	垂直型	垂直型	综合型	综合型
业务范围	农产品、农场管理和土地众筹、农产品直销、乡村体验	农产品直销、农场管理和土地众筹、农产品众筹、农场推广	募资、投资、孵化、运营等一站式专业众筹服务	与生鲜电商相关的农产品众筹
发起人	拥有农场且用传统的方式进行耕种,达到绿色无公害标准	目前只接受法人单位众筹授权的人员发起项目	平台注册发起项目的单位或个人	淘宝卖家
投资人	没有限制,不审核	没有限制,不审核	没有限制,不审核	淘宝买家
融资时限	1~3个月	1~3个月	1~3个月	1~3个月
收费标准	未具体公布	向融资方收取1.5%	向融资方收取1.5%	向融资方收取1.5%
资金拨付	用户确认承诺回报后,一次性拨付	先期拨付30%,待用户确认承诺回报后拨付余额	先期拨付30%,待用户确认承诺回报后拨付余额	先期拨付1%~50%,待用户确认承诺回报后拨付余额
信息披露	未标准化	一定程度的标准化	一定程度的标准化	建立披露标准
数据公开	公开所有数据	不公开失败数据	不公开失败数据	不公开失败数据

说明:引自肖建等. 农业众筹融资平台的对比研究与最优选择[J]. 农村经济,2017,(1):24-29.

当前国内农业众筹平台在业务类型与规模方面存在明显差异。根据统计,淘宝众筹的农业众筹规模居前列,具有明显的平台优势,不过其众筹项目属于农产品奖励众筹范畴。相比之下,那些垂直型农业众筹平台虽然规模略小,但项目特色和差异化更明显。如"有机有利"众筹平台不仅开展农产品奖励,而且正面开展股权类农业众筹。显然,农产品奖励适合的平台是诸如淘宝众筹和众筹网等知名度高的综合型农业众筹平台。股权众筹或者农场管理和土地众筹则应当选择诸如"有机有利"和"大家种"等垂直型平台。需要思考的问题是,众筹业务范围对平台发展是否存在显著影响？

信息不对称是农业众筹平台发展存在的最大问题，"劣币驱逐良币"在众筹项目平台市场同样存在。一些众筹平台放松对于众筹虚假宣传、高利诱惑等操纵或违规行为管理。由于中国众筹市场还不够成熟，因此与国外众筹平台管理相比较，国内成功的众筹平台需要扮演一个更加复杂的角色，如创业导师、寻找领投人、项目设计辅导、构建众测社区等。李芸（2020）认为，虽然国内的众筹平台与美国的众筹平台相比较运作模式更加复杂，交易成本更高，但是多角色的服务工作是中国众筹平台走向成熟的必由之路。因此，平台服务如何影响众筹应当是一个值得研究的主题。

（二）文献回顾

既然世界各国相继降低了众筹信息披露标准，那么强化众筹平台责任似乎是顺理成章的。根据现行众筹信息披露规则，众筹平台需要在信息披露、尽职调查、警示教育、禁止利益冲突等方面承担相应责任和履行相应义务。然而，仅仅依靠强化众筹平台责任或许不足以在众筹市场产生分离均衡。众筹平台可能由于"难堪重负"而选择"用脚投票"。事实上，美国"集资门户"逐步消亡的事实似乎正预示着JOBs法案监管模式的幻灭。因此，众筹平台履行职责的能力与愿意是一个影响众筹成功与否的重要因素。

虽然众筹研究文献已经日渐丰富，但关于众筹平台管理的专门论述仍旧缺乏。大部分学者只是在众筹商业模式、众筹作用与地位、众筹风险与监管等主题上研究众筹平台管理。当前少量关于众筹平台管理的专门研究主要集中于平台发展和类型选择。例如，Belleflamme（2010）研究发现众筹平台提供的交流互动服务能够有效影响融资质量。通过京东众筹和Kickstarter的商业模式比较，李芸（2020）认为，精细化和专业化是众筹平台的发展趋势。肖建等（2017）从准入机制、收费模式、运营能力、风控能力、回报率、标准化建设等方面比较农业众筹平台管理。刘美林和李姚矿（2018）研究发现众筹平台类型显著影响融资水平。王兆怡和李华（2020）从管理视角对众筹平台进行定性研究，提出众筹平台是否严格审核融资项目对众筹融资有一定的影响。基于扎根理论,唐泽威等(2020)主张,从平台技术和平台经营两个角度评价众筹平台管理水平。总体上,农业众筹平台管理研究主要停留在理论层面,缺乏数据支持和案例佐证。

(三)研究假设

农业众筹是一个"双边市场",因此吸引项目筹资者和投资者注意,增加筹资者和投资者对平台的黏性,成为众筹平台成功运营的关键。美国的众筹平台走专业化发展道路,比如著名的Kickstarter平台主要聚焦于为科技和艺术类项目公益筹资。不同于美国的众筹平台,国内几家知名众筹平台业务混杂,所开展的业务主要采取奖励模式。目前国内垂直型专业农业众筹平台仍缺乏,多数农业众筹项目主要在淘宝众筹、众筹网等综合型平台上发布。综合型平台通常无法制定针对农业众筹的专门运营规则,甚至在农业众筹的项目审核、权益分配等都存在职业判断差异和不确定性问题。统计数据表明,国内综合平台的农业众筹项目的产品或者服务通常在项目成立之后便进入发货阶段。相比之下,Kichstarter的交货期可以长达几个月,甚至一年以上。如此表明,Kichstarter平台的项目更可能仅仅是一个设想和方案,只缺少资金推动。相比之下,国内农业众筹项目更加像是一个农产品预售,而非完全意义的创业和创新。对此,本章提出如下假设:

H1:平台类型对于农业众筹成功具有显著影响。

从国内农业众筹项目运行情况不难发现,那些知名度高的传统电商平台上发布的农业众筹项目更容易成功。究其原因,就是其品牌优势和巨大的用户量基础。当前国内农业众筹平台业务相似,即以农产品奖励为主体业务,股权类、债权类和公益类农业众筹占比相对较少。那些相对成功的农业众筹通常只是平台业务的自然拓展。例如,京东众筹曾经涉及奖励型众筹、慈善型众筹、股权型众筹等多种类型,如今只保留了奖励型众筹。京东众筹战略调整实际上体现京东产业链前伸战略要求。淘宝众筹的发展战略与京东众筹十分类似。美国众筹平台总体是走专业化战略道路,如 Kickstarter、Indiegogo、Gofunderme、

Crowdfunder、Lendingclub 等只是在奖励型、慈善型、股权型、债权型的某一个特定领域具有显著影响力。另外,美国还有不少专注于房产、农业、音乐等细分领域的垂直类众筹平台。当前我国服务于农业众筹的平台还是以众筹网、淘宝众筹等综合类为主,专门服务于农业的众筹平台仍远不能满足市场需求。因此,中国农业众筹平台的成功必须通过创新服务方式,提高差异化程度,增加对"双边市场"的吸引力来实现。对此,本章提出如下假设:

H2:平台专业化对于农业众筹成功具有显著影响。

目前农业众筹平台普遍采用 AON 模式并允许超募,也引入第三方担保和商业保险。平台资金管理的差异主要体现在资金划拨方面。按照"大家种"平台规定,如果投资者认为产品达到发起者承诺的质量,则平台会将项目保证金支付给发起者,否则将保证金退回给投资者。相关问题是,农业生产固有的生产周期长、保质期短等弱质性,使得农业众筹需要承担农业生产过程中的自然灾害与市场风险。由于农产品质量判断是一个相对主观的命题,因此农业众筹各方利益保障难度较高。众筹平台在利益争端面前可能缺乏有效解决机制,从而导致声誉受损(姚瑶,2017)。对此,本章提出如下假设:

H3:平台资金保证制度对于农业众筹成功具有显著影响。

虽然互联网的"开放式要约"可能非常有效,然而低标准信息披露规则制约着众筹资本信息治理效率。"可能的欺诈、不切实际的投资预期以及缺乏经验的创造者(Hazen,2012;Griffin,2012)"是农业众筹研究无法回避的挑战。在传统的证券市场,强制信息披露制度历来充当着投资者权益保护的"防火墙"。信息披露制度是证券发行人向相关利益人公开与发行有关信息的惯例或准则。然而,强制性信息披露制度的运行在众筹领域明显缺乏效率。由于采纳低标准的信息披露机制,众筹的项目描述性文本呈现出显著的主观性文本非结构化或半结构化特征。实际上,平台根据自身战略和网络资源实行不完全相同的信息披露规则。例如淘宝众筹项目描述明显以图片展示为主,京东众筹则允许发起者讲述"众筹故事"。相比之下,"大家种"平台更加宽松。对此,本章提出如下假设:

H4:平台信息披露管理对于农业众筹成功具有显著影响。

虽然众筹发起者可能是某些领域的专家或能手,然而在营销推广方面很可能是一些"菜鸟"。因此，作为开展众筹投融资服务的载体，众筹平台既是融资方的辅导者和监督者，也是投资者的利益保护者。如Kickstarter在讲述众筹故事、设计众筹项目条款、拓展项目推广渠道、与支持者沟通、兑现投资承诺等方面帮助筹资者。不仅如此，Kickstarter还组织一些活动，如创作者见面会、音乐会、研讨会等扩大其影响力。著名农业股权众筹平台AgFunder因执行严格审查机制而获得市场支持。AgFunder平台审查范围包括公司领导层、公司理念、财务状况、项目团队、项目风险、项目前景、退出机制等各个方面。在发起帮助方面，国内众筹平台同样也十分积极。为了掌握新产品或服务市场前景，京东众筹成立众测社区。对此，本章提出如下假设：

H5：平台服务评价对于农业众筹成功具有显著影响。

三、研究方法

（一）数据来源与样本描述

为了获取跨平台农业众筹数据，本章共追踪3 769个样本（具体参见第四章、第五章）。其中：成功样本1 822个（48.34%）（见表8-2）。

表8-2 分层抽样

平台	业务类型	业务模式	资金保证	披露规范	服务评价	样本容量
大家种	垂直	多元	是	弱	无	355
有机有利	垂直	单一	否	中	无	352
众筹网	综合	多元	否	中	A+	525
淘宝众筹	综合	单一	否	强	A+	752
京东众筹	综合	单一	否	中	A+	656
天农团	垂直	多元	是	弱	无	292
点筹网	垂直	单一	是	弱	无	251
链投网	垂直	单一	否	弱	无	258
山东银投	垂直	多元	否	弱	无	174
乐农之家	垂直	单一	否	弱	无	154

（二）变量设计

本章的数据来自两个层面：一是平台层面的管理风格数据，二是农业众筹项目的描述文本数据。如果每个个体属于不同总体，那么每一个总体会对所属的个体产生影响。属于同一总体的个体之间存在组内相关，不同总体的个体之间则可能存在组间差异。与此同时，总体对个体的影响可能是随机变量，而非固定变量。对此，本章采用多层线性模型（HLM）处理进行具有嵌套关系的数据分析。根据多层线性模型理论，如果组内相关和组间异方差的存在会产生复合误差项，那么普通最小二乘法（OLS）独立同分布的基本假设被违背了。

对于两层次的多层线性模型，第二层模型以第一层模型的截距和斜率为被解释变量，以总体变量为解释变量。由于第二层模型可以带有随机误差项，因此第一层模型的截距和斜率可以被设置为随机变量。

表8-3 研究变量列表

变量名	简写	说明
被解释变量：		
众筹成功（success）	Suc	失败=0；成功=1
项目层面解释变量：		
承诺激励（commitment stimulation）	Com	关键词评分
信号激励（signal stimulation）	Sig	关键词评分
情感激励（emotional stimulation）	Emo	关键词评分
需要激励（need stimulation）	Nee	关键词评分
信念激励（belief stimulation）	Bel	关键词评分
平台层面解释变量：		
平台类型（platform type）	Type	综合型=0；垂直型=1
业务模式（business model）	Busi	单一=0；多元=1
资金保证（fund guarantee）	Fund	否=0；是=1
披露规范（disclosure standard）	Dics	弱要求=0；中要求=1；强要求=2
服务评级（service evaluation）	Serv	无评级=0；有评级=1

四、模型检验与结果分析

本章使用 HLM 6.08 软件进行回归分析,所构建的多层线性模型包括两个层面:

第一层:

样本函数(sample function):

$$\mathrm{Prob}(\mathrm{succ}_{ij}=1\mid \beta_{ij})=\varphi_{ij}$$

链接函数(link function):

$$\log\left[\frac{\varphi_{ij}}{1-\varphi_{ij}}\right]=\eta_{ij}$$

结构函数(structural function):

$$\eta_{ij}=\beta_{0j}+\beta_{1j}\mathrm{Com}_{ij}+\beta_{2j}\mathrm{Sig}_{ij}+\beta_{3j}\mathrm{Emo}_{ij}+\beta_{4j}\mathrm{Nee}_{ij}+\beta_{5j}\mathrm{Eel}_{ij}$$

第二层:

$$\beta_{0j}=\gamma_{00}+\gamma_{01}\mathrm{Type}_{ij}+\gamma_{02}\mathrm{Busi}_{ij}+\gamma_{03}\mathrm{Serv}_{ij}+\gamma_{04}\mathrm{Fund}_{ij}+\gamma_{05}\mathit{Dics}_{ij}+\gamma_{0j}$$

$$\beta_{1j}=\gamma_{10}+\mu_{1j}$$

$$\beta_{2j}=\gamma_{20}+\mu_{2j}$$

$$\beta_{3j}=\gamma_{30}+\mu_{3j}$$

$$\beta_{4j}=\gamma_{40}+\mu_{4j}$$

$$\beta_{5j}=\gamma_{50}+\mu_{5j}。$$

表 8-4 多层线性回归分析结果

变量名	模型一	模型二
第一层		
Com	0.033*	0.028**
Sig	0.201***	0.191***
Emo	0.238**	0.213**
Nee	0.203***	0.170***
Bel	0.018*	0.010*
β_{0j}	6.012**	1.906**

续表

变量名	模型一	模型二
第二层		
γ_{00}	1.601**	1.506**
γ_{01}	0.031	0.025
γ_{02}	0.021	0.012
γ_{03}	0.418***	0.402***
γ_{04}	0.320**	0.310**
γ_{05}	−0.348**	−0.308**
γ_{10}	0.003	0.002
γ_{20}	0.012	0.011
γ_{30}	0.418***	0.411***
γ_{40}	0.343***	0.302***
γ_{50}	0.058	0.048
方差分析		
α^2	1.303***	1.300***
τ_{00}	0.529	0.525
τ_{01}	0.422	0.415
τ_{02}	0.421	0.421
τ_{03}	0.305**	0.301**
τ_{04}	0.214***	0.210***
τ_{05}	0.382	0.372

说明：***表示$p_{(1/2)}<0.001$；**表示$p_{(1/2)}<0.01$；*表示$p_{(1/2)}<0.05$。

本章拟合了两个模型（见表8-4）：logit连接函数（logit link function）的单元特定模型（the unit-specific model）（模型一）和logit链接总体平均模型（the population-average model）（模型二）。经检验：

（1）在第一层面：需要激励（Nee）、情感激励（Emo）、承诺激励（Com）、信号激励（Sig）、信念激励（Bel）在不同水平显著影响农业众筹成功率。此结论与第六章和第七章结论相近。

（2）在第二层面：首先是服务评级（Serv）的影响最大，那些能够得到评级的众筹平台更容易得到社会资本支持，相比之下，那些新生众筹平台由于得不到评级,因而缺乏支持和关注。其次是披露规范(Disc)显著负向影响农业众筹成功。出于降低平台风险或者减少网络资源占用目的各自考虑,众筹平台对农业众筹披露形式与内容进行规定或限制。由于平台之间缺乏可比性,因此,"不当"的规定或限制可能导致市场效率的下降。资金保证(Fund)的影响同样是一个重要的影响变量。那些制定资金保证规定的平台容易受到农业众筹投资者欢迎。

(3)在方差层面:模型的误差项的方差只有τ_{03}、τ_{04}显著,说明变量需要激励(Nee)、情感激励(Emo)在平台之间存在随机效应模型。因此,H4、H5得到研究支持。承诺激励(Com)、信号激励(Sig)、信念激励(Bel)不存在显著的平台间差异。因此,H1、H2与H3没有得到研究支持。显然,农业众筹资本市场对于那些可鉴证或易识别的质量证据都具有一致性认可;相反,那些弱效力的发起者陈述则需要借助借债平台信誉来保证效力。

五、研究总结

虽然平台管理特征是众筹研究的一个重要主题,然而相关研究通常限于定性分析层面。本章使用多层线性模型(HLM)实证平台管理对农业众筹成功的影响机制,试图量化项目描述对农业众筹成功率影响的平台差异。此研究对于改进低标准信息披露效率和加强平台信息披露管理具有一定指导意义。本研究认为,平台评级对于农业众筹成功的影响最为显著。因此,加强平台评级工作应当是当前推动众筹市场发展的重要工作。另外,本研究发现,平台对信息披露的约束可能不利于众筹成功。因此,众筹信息披露规范应当是一个系统工程,需要从平台管理层面审视农业众筹信息治理问题,而不是简单地将其归结为网络资源占用问题。

众筹平台作为众筹活动的交易中介,不仅监督和辅导发起者,为项目筹资人提供了众筹产品信息、资金需求展示的展示地,也为投资人提供了多样化的投资选择与一定程度上的资金安全保障,更为二者提供了沟通交流的机会

(Belleflamme 等,2011;Dutta 和 Folta,2015)。众筹平台应当为项目发起者与支持者提供交流互动保障,促进支持者与发起者的价值共创。众筹平台管理层需要加强信息披露监管制度建设,切实降低众筹低标准信息披露风险,努力树立保护投资者权益的良好形象。

本研究的局限在于:(1)由于农业众筹平台管理研究文献相对缺乏,因此本章的研究结论需要得到进一步检验。(2)本章构建的模型对农业众筹成功率解释能力总体有限。(3)变量测量技术需要进一步改进和完善。

第九章 建议与对策

农业众筹是一种创新驱动的农业金融,对于将社会资金引导流向农业生产具有积极意义。随着网络技术进步与广泛应用,众筹将更加有效地帮助农业项目发起者打破空间和资源桎梏,获得创新发展和服务快速扩展的机会。农业众筹的兴起,对于我国实行"互联网+农业"的战略具有重大意义。在大力推进"乡村振兴"重大战略背景下,农业众筹有望成为农村金融发展新的增长点。本研究在总结梳理农业众筹相关基础上,运用大数据文本挖掘技术,探析农业众筹信息治理基本思路。结合前期区域众筹众创调查研究,本书从金融监管、区域经济和平台管理层面提出农业众筹信息治理对策与建议。

一、区域众筹众创的调查

为了贯彻国务院《关于发展众创空间推进大众创新创业的指导意见》和福建省《关于大力推进大众创业万众创新十条措施的通知》等文件精神,福建省市各级政府不仅成立各市政府基金进行股权投资,而且将众创空间建设作为"双创"工作的抓手。为了能更好地了解福建各地"双创"动态,掌握区域性众筹众创金融发展现状,本项目开展了以福建省漳州市为例的实地调研结果表明:

（一）区域众创空间建设实地调研

漳州市于2015年出台了《漳州市关于加快推进大众创业万众创新的若干意见》《关于实施创新驱动发展战略建设全新型城市的决定》《关于印发漳州市实施创新驱动发展战略行动计划的通知》和《关于支持和促进科技创新驱动发展七条措施》等一系列推动漳州"双创"工作的文件，将众创空间建设列为各级政府重要工作。众创空间正被地方政府打造为"双创"服务平台。本研究关于漳州的相关调查表明区域众创空间具有以下一些特征。

首先，众创空间投资建设获得地方政府财政支持。截至2020年，漳州市已建成25家众创空间，提供孵化场地面积7.7万平方米，入驻创业项目和企业300多个，创业人数3000多人。其中：国家级众创空间2家、国家级青年创业示范园区1家、省级众创空间10家、省级互联网孵化器2家、市级众创空间11家。调查发现，当前众创空间建设资金来源主要是地方各级政府财政，如漳州芗城区政府主导投入建设的漳州金峰众创园、利用漳州市妇女儿童活动中心存量办公房的龙文众创空间、"民办公助"服务妇女创业的两岸女性创客空间、国企与民营合作的城投远大创客小镇·船坞村、高校为主举办的支持大学生创业的电子商务创业基地、"三旧改造"的圆山创客等。

其次，众创空间项目实施获得漳州地方政府优惠政策。通过科技奖励、税收减免、财政补贴等形式，漳州市政府支持驻众创空间创业项目。根据统计，2016年漳州市级科技局确认208项企业研发项目，投入1000万元；筛选24个科技含量高、产业化前景好项目，奖励资金340万元；团漳州市委遴选出57个青年英才创业项目，投入扶持资金385万元；漳州市人社局落实促进小微企业营业税优惠政策，减免税收1816万元，统筹安排100万元市级就业专项资金用于高校毕业生创业启动扶持，实际发放创业培训补贴20万元。

再次，众创空间金融服务缺乏社会资本关注。相当一部分众创空间只能为创业者提供减免租金服务，而金融服务似乎形成了政府依赖。活跃在漳州的社会投资基金只有寥寥数家。例如：厦门漳龙海投新兴产业股权投资基金等4只创投基金；片仔癀药业围绕大健康战略设立的并购基金等。金融机构的创业金融服务对象往往仅限于开户单位和个人。相比之下,政府财政主导的股权投资基金规模略大。如漳州投资集团募集4.82亿元资金成立漳州市创业股权投资有限公司,龙文区首期注资2 000万元成立创业引导基金,漳州高新区首期注资1 000万元成立创业投资公司。

(二)区域性政府基金管理实地调查

漳州市设立政府基金的初衷是为了"发挥财政增信功能、推动金融服务实体经济、调整财政扶持引导企业发展方式"。2015年11月5日,经市政府第11次常务会议研究决定,四项基金作为资本金划入漳州市投资集团继续运营。四项基金金融服务分工明晰,其中"区域集优基金"和"创业投资引基金"设立表明漳州政府资金积极介入"双创"金融服务。调研结果表明区域性政府基金管理具有以下一些特点。

首先,区域性政府基金偏好短期债权投资。调查表明,区域性政府基金对于缓解企业资金周转困难、防范和化解企业短期资金风险具有积极作用。其中,应急周转资金累计发放722笔、金额115.79亿元,惠及企业近300家,发放规模达到了基金规模的近60倍,发挥了基金的政策效应。与此同时,贷款风险补偿基金累计授信73家企业发放贷款19 741万元。相比之下,产业股权投资积极性不高。自成立以来,创业投资引导基金发生4笔股权投资,金额4 000万元。截至2015年11月,创业投资引导基金产生的银行利息收入竟达461.17万元。中小企业"区域集优"发展基金未实际运作,资金长期存放在银行。

其次,区域性政府基金管理层风险规避。在公司治理方面,漳州投资公司存在市场化运作与政府行政管理的矛盾。事实上,投资公司曾多次与(私募)基金商洽基金投资方案,终因基金投资方案与漳州市基金管理办法相悖而不得不放弃。其原因是,政府基金绩效评价体系偏重资金安全性,强调国有资产保值增值,从而导致基金合作协议时限通常较短。调查发现,根据基金管理办法,区域性政府基金申请的企业需要所在地县行业主管部门和县财政局出具推荐函。对于"四项基金"低效率的原因,基金投资公司认为是政府职能部门的不作为,政府职能部门则认为,提供推荐函本身就是一种勉为其难的非市场行为。

再次,区域性政府基金有待制度创新。政府资金在从事"创业型"产业股权方面存在天然的缺陷。在资金筹措方面,2014年8月31日,全国人大常委会通过《关于修改〈中国人民共和国预算法〉的决定》,强调地(州、市)级政府只能通过省级转贷;在资金使用方面,2014年9月21日,国务院印发《关于加强地方政府性债务管理的意见》,规定发行要求为仅用于公益性资本支出且不得用于经常性支出;在绩效评价方面,2017年7月,第五次全国金融工作会议强调要严控地方政府债务增量,严防系统性风险的发生,并首次提出"终身问责,倒查责任"的制度。毫无疑问,问责制度将抑制决策者的风险投资冲动。对于政府基金管理而言,制度创新才是正道。

(三)区域金融机构金融服务实地调研

现有金融体系在创业服务方面存在众多"空白区"。从融资端来说,中小微企业融资困难不仅在中国存在,也是世界难题。从投资端来说,中小投资者的投资渠道匮乏,金融产品供给单一。有鉴于此,课题组决定对中国人民银行漳州市中心支行进行调研,试图了解"双创"金融政策。调查认为,漳州金融信贷活动呈现出以下特点:

首先,信贷有效供需不足。2017年,漳州市中心支行会同市经信委对93家样本企业融资情况的调研发现,有26%(23家)营业收入大幅减少。支行统计数据发现,至2007年6月,全漳州市规模工业减停产面22.8%,减停产企业510家,同比增加5家。经营效益的明显下降导致银行贷款需求减少。中小微企业创融资难,在一定程度上缘于有效信贷供给不足。根据当前管理制度,漳州市辖区内除地方法人金融机构之外,多数银行机构的公司贷款新增授贷审批权限被上级行上收,或授信额度下调。另外,还有部分股份制银行机制实行事业部制管理模式,信贷审批权集中至上级行。

其次,创业金融支持政策执行难。对于"双创"活动的金融需要,中国人民银行漳州市中心支行给予了政策支持,鼓励各银行业金融机构与众创空间等

"双创"载体合作。针对小微企业资金使用特点,中国人民银行漳州市中心支行创新推出可一次授信,循环使用的"银贷通""抵贷通"等。然而,相关政策的实际执行效果并不理想。

(四)调研结论

由于漳州经济实力相对落后,因此一些优秀创业项目更倾向于投奔厦门或福州,调查中发现,那些入驻漳州众创空间的企业其实早已不是严格意义的初创企业,也较少获得创投机构和天使投资的"眷顾"。实际上,漳州众创空间的"尴尬"具有一定的普遍性。本研究认为,应对众创空间的"马太效应"的策略就是改善众创空间的信息生态系统。通过区域信息平台建设,实现众创空间的互联互通,从而减少创投机构和天使投资的信息搜索成本。

由于众创空间缺乏可靠的盈利模式,社会资本对众创空间建设可能缺乏兴趣,因而众创空间能否得到地方政府支持就显得十分关键。从漳州的调研情况来看,当前众创空间的投资与管理具有一定的行政色彩。关键的问题是,政府资金主导的投资行为存在风险规避倾向。漳州的实践经验表明,政府资金能够在增强企业资金流动性方面发挥积极作用,但在股权投资方面则存在制度障碍、人才短缺等问题。注重资金的安全性同样是金融机构投资的基本准则,这在金融机构的业绩考核中有较多体现。实际上,创业者对金融机构资金大量注入的渴求最终难免落空。

二、农业众筹信息治理的金融监管建议与对策

为了防范农业众筹金融风险,完善相关法律规制势在必行,但也需战略性的循序渐进,更是未来需要深入探究的系列重要课题。在完善农业众筹相关法规,厘清众筹平台、投融资者及管理层等相关主体的基本权责义务的基础上,金融监管应注重项目审核、平台监管、资金运行等方面的指导规范,引导农业众筹

创新合规与合法。

（一）加强农业众筹金融监管制度建设

监管部门应该尽快出台和完善众筹相关的法律法规，为农业众筹的发展提供有效的政策保障，明确众筹参与各方的职责和义务，降低农业众筹法律风险。2012年美国颁布的《JOBs法案》是有关适度监管和包容性监管的一套规则，不仅为众筹提供了法律依据，而且为众筹在全世界的兴起提供可供借鉴的模式（傅穹和杨硕，2016）。英国金融行为监管局（FCA）于2015年3月提供"监管沙盒"机制，允许金融科技企业在一个适当空间内可测试其创新的金融产品、服务、商业模式和营销方式，而不用严格受监管规则约束。在推进金融监管与创新激励之间需要寻找合适的度，监管部门应当允许农业众筹进行创新实验和风险测试，从而掌握农业创新本质，有效评估风险开放范围的制度安排。为了防范金融信用风险，可以推广"第三方资金托管"，"风险保证金"等机制来控制或降低农业众筹投资风险。另外，建立互联网金融交易信息库机制也是十分必要的。信息库的建设不仅有利于降低融资市场的信息不对称程度，提高市场的匹配效率，还能够协助监管机构打击互联网金融市场操纵、舞弊和其他市场滥用行为。

（二）完善农业众筹发起者评价系统

政府监管部门应该完善对众筹平台的监管机制，督促平台严格把关筹资者的资格审定，减少发起者操纵信息披露的机会。审查的信息不能仅仅局限于项目描述文本本身信息，还可以鼓励发起者自觉提供信用信息，甚至可以对发起者进行调查和核实，以促进众筹行业的透明和规范。虽然众多已有研究者相信，投资者参与众筹投资项目的主要刺激因素来自于项目的创意（Munari和Toschi，2015），但融资者可能由于担心项目创意泄漏和专有技术曝露而有所隐藏和保留。在传统金融市场，融资者不必公开其项目创意和商业计划，但众筹的融资者必须公开其项目内容。众筹发起者所面临的核心风险就是知识产权被侵犯。因此,众筹平台既应给予项目发起方信息披露方式的选择权,同时也应当对投资者进行风险提示。此外,平台应当挖掘项目发起人社会资本的作用,建立有效的信息沟通机制和风险控制手段,这是实现众筹成功的有效途径(曾江洪、甘信禹,2014)。在项目发布时,平台可以根据项目类别来判断项目摘要是否合适,并提供合理的描述模版供筹资者参考。

(三)加强农业众筹投资者风险教育

虽然众筹的"开放式要约"可能有效地放松资本市场的距离约束,然而低标准信息披露规则致使众筹市场面临严峻的效率缺失问题。众筹投资者面临着与传统金融不同的信息披露模式,需要面对多种信息渠道的影响。严峻的情况是,这些异质性、即时性和交互性的市场信息可能存在虚假和被操纵等问题。研究表明,众多不具备专业知识和投资经验的农业众筹投资者,难以对项目风险进行识别,甚至难以区分众筹与诈骗、非法集资。虽然羊群行为可能是一种有效的决策模式,然而更可能使投资者面临巨大的市场风险。当前众筹行业发展规范与评估流程尚未建立,投资者难以对项目的真实运行情况完全了解。根据证券管理相关法律,众筹平台肩负投资者教育、投资者风险承受能力测评等义务。虽然加强投资者风险教育是重要的投资者权益保护措施,然而众筹平台通常"倾向"规避相应责任。例如,众筹的服务协议明确表示对项目审核结果不承担保证责任,且"无义务监督众筹项目的执行与实现"(张燕和侯启玲,2021)。2015年8月20日,北京市海淀法院开庭审理北京飞度网络科技有限公司与北京诺米多餐饮管理有限责任公司居间合同纠纷,这是我国股权众筹第一案。根据我国现有《证券法》相关规定,证券信息发布平台对融资信息的真实性负有相应审查义务。监管部门应当建立平台评级制度,强化众筹平台在农业众筹中所扮演的重要角色,着实负担审查融资项目信息真实性义务,履行保护消费者权益的法定义务。

三、农业众筹信息治理的平台管理建议与对策

在信息不对称的市场,如何将项目"优质"的信息传达给投资者是项目成功的关键。因此,建立质量导向信息披露意识对于提升农业众筹成功率十分必要。

(一)建立农业众筹发起者学习机制

虽然众筹发起者可能是某些领域的专家或能手,然而在营销推广方面更可能是一些"菜鸟"。因此,筹资者学习机制变得十分重要。"帮助筹资者成长和学习"是Kickstarter的重要工作。Kickstarter所开展的筹资者教育包括帮助筹资者讲述众筹故事、设计众筹项目条款、拓展项目推广渠道、与支持者沟通、兑现投资承诺等。筹资者通过平台的指导,可以学会怎样设计和推广自己的项目。另外,Kickstarter还通过"独立创造""Kickstarter杂志""Kickstarter播客节目"等帮助筹资者进行项目的设计。在发起帮助方面,国内一些著名众筹平台也十分积极。如淘宝众筹、京东众筹都在利用消费者大数据帮助发起者完善产品和服务的质量。为了了解和掌握新产品或服务潜在的市场价值,京东众筹还成立众测社区,为一些众筹项目进行市场测试。

(二)提高农业众筹平台核心竞争力

著名的农业股权众筹平台AgFunder因执行严格审查机制而获得市场支持。AgFunder平台审查范围包括公司领导层、公司理念、财务状况、项目团队、项目风险、项目前景、退出机制等各个方面。当前国内农业众筹平台管理和业务监督尤其应完善市场准入标准和退出机制。另外,建议平台加强筹资者资格审核工作,要求筹资者签订承诺书、提交农业作业环境报告和农场作业书,并对项目进行第三方审查。

Kickstarter 平台不仅帮助艺术家、音乐家、电影制作人、设计师和其他发起人找到所需的资源和支持,而且建立虚拟社区讲述一些筹资者的故事,还通过组织如创作者见面会、音乐会、专业领域的研讨会等扩大其在某些行业的影响力。当然,Kickstarter 的影响力源自于其长期在专门领域的持续投入。诸如此类的"支撑活动"不仅扩大 Kickstarter 在艺术、电影、游戏、音乐、出版等领域的影响力,而且吸引了更多的投资者和筹资者的注意力。虽然农产品奖励模式是当前国内农业众筹主流,但股权众筹是农业众筹未来发展方向。因此,众筹平台应当加强农业股权众筹推广工作。当下股权型农业众筹应当加强在如田园综合体、休闲农庄、特色小镇、生态农业等方面的探索与推进。这些项目不仅是乡村振兴政策的支持领域,也是资金需求量大、建设周期长、投资回报高的领域。通过股权众筹模式可以吸引有经验的投资者为乡村振兴出谋划策。

(三)建立价值共创理念的众筹交流互动

为了使得投资者与发起者形成利益共同体,甚至是忠实粉丝,项目发起者需要不断提升自身价值共创水平,营造良好的交流互动氛围,注重支持者的产品体验,情感交流,信息反馈。结合项目支持者的信息反馈进行产品或服务的再设计。与此同时,发起者需要识别和解决支持者参与价值共创中遇到的问题与困难。价值共创理念是避免众筹沦落"团购+预购"的前提。价值共创意识能够使用消费者从纯粹的"农产品消费"或"物质财富增加"转变到享受项目发起人"提倡的生活方式"。项目发起人主动增强与投资者之间的互动,及时、准确回复投资者评论,增强投资者的好感。引导和鼓励支持者参与价值共创是众筹未来的发展方向。发起者需对众筹投资者动机异质性及网络社区的高度异构性有充分的认识,避免不当的交流互动造成利益受损。虽然评论发布者通过分享专业知识可以获得社会赞同或自我赞同(Fehr 和 Falk,2002.),然而在线评论质量是良莠不齐的,发起者完全识别其中价值其实是困难的。如何提高投资者评论兴趣和提升评论质量,成为当前农业众筹平台管理体系亟待解决的问题。

（四）加强农业信息披露的规范与管理

既然信息不对称可能导致农业众筹羊群效应,那么发起者应当持续更新项目动态,增加项目运行的透明度,以帮助投资人更好地了解项目。图片和视频是信息的有效载体。发起者应当提供图片、视频或者借助微信、微博等社交工具构建及时沟通系统,使得消费者通过"观察"到农业管理现状,全程监控农作物生长,直接监控把关农产品质量。一般地,图片与视频数量越多,投资者能够获取的信息也越充分,从而增进了投资者对众筹项目的信任感和投资意向。然而,王伟等(2016)研究认为,描述文本的长度与图片数量与项目的成功率显著负相关。阮素梅和蔡茹雪等(2019)的前期研究认为,图片数量对农业众筹有显著正向影响,视频对农业众筹影响不显著。本研究表明,视频与图片数量对于农业众筹影响是有限的。适度的图片与视频数量效果最好。对此,阮素梅和蔡茹雪等(2019)推测可能的原因是视频的内容与众筹农产品或者项目自身缺乏相关。为此,郑筱婷和商诗语(2019)建议,视频和图片要围绕项目内容和项目质量信息展开,尽可能多地提供能传递产品高质量的证明材料。由于农产品的质量特性通常不直接表现在产品的外观上,因而在交易时不能为消费者所识别。虽然相当多的农业项目都被宣传是无公害或绿色甚至是有机产品,然而多数农业众筹产品不具有认证证书和不具备原产地特征。因此项目发起人不仅应完善产品认证工作,还应当重视产品原产地信息披露。其次,提高农业众筹发起人社会资本信息披露效率。发起者的社会资本和社交网络是吸引众筹早期投资的基础。从理论看来,社会资本在一定程度上可以弥补众筹融资者缺乏抵押品的缺陷。通过社会资本的有效披露,以拉近与投资人的"心理距离"。有据于此,筹资者可以尽量增加社会资本披露,鼓励亲戚和朋友等参与前期投资,如此可以吸引潜在投资者注意。当然,社会资本披露应当成为农业众筹信息披露未来研究的重要课题。第三,众筹发起者需要加强项目描述文本管理,注意项目简介长度和对制作视频的选择、努力克服发起者的一些"不适合"的表达习惯和风格。

(五)强化农业众筹质量信息披露意识

既然信息不对称可能导致农业众筹羊群效应,那么发起者应当持续更新项目动态,增加项目运行的透明度,以帮助投资人更好地了解项目。图片和视频是信息的有效载体。发起者应当提供图片、视频,或者借助微信、微博等社交工具构建及时沟通系统,使得消费者"观察"到农业管理现状,全程监控农作物生长,直接监控把关农产品质量。一般而言,图片与视频数量越多,投资者能够获取的信息也越充分,从而增进了投资者对众筹项目的信任感和投资意向。然而,王伟等(2016)研究认为,描述文本的长度与图片数量与项目的成功率显著负相关。阮素梅和蔡茹雪等(2019)的前期研究认为,图片数量对农业众筹有显著正向影响,视频对农业众筹影响不显著。本书的研究表明,视频与图片数量对于农业众筹影响是有限的,适度的图片与视频数量效果最好。对此,阮素梅和蔡茹雪等(2019)推测可能的原因是视频的内容与众筹农产品或者项目自身缺乏相关性。郑筱婷和商诗语(2019)建议,视频和图片要围绕项目内容和项目质量信息展开,尽可能多地提供能传递产品高质量的证明材料。

四、农业众筹信息治理的宏观政策建议与对策

(一)创新地方政府基金"跟投"决策机制

由于众筹面向大众投资者,因此风险识别能力和风险承担能力是众筹投资者保护的落脚点。当前"领投+跟投"是世界各国众筹普遍采用的风险识别与控制模式。领投人的尽职调查和投资行为是在为众筹项目"背书",从而使得其他投资者获得"额外"的"担保"。为此,一些高风险众筹项目融资方首先需要找领投者,然后才可能刺激其他投资者跟投。为了能够激活区域实体经济,一些地方政府不得不充当"领投人",不仅建设"众创空间"而且设立诸如"创业投资

引基金"。问题是,肩负国有资产保值增值目标的地方政府基金在高度不确定性的创业领域通常难有作为。不仅如此,人才的缺乏也决定了地方政府基金的效率缺失。对此,本研究认为,至少有两种模式可供政府基金选择:(1)采取"托管"策略。为了解决金融投资人才短缺的问题,政府可以将资金交由"第三方"管理;(2)实施"跟投"策略。政府基金可以直接"跟投"那些已经被"领投"项目,也可以向"领投者"推荐并协议"跟投"目标项目。本质上,无论是"托管"还是"跟投"都是希望分散政府基金投资风险,主要差别在于投资决策权的控制。

(二)构建区域性农业众筹股权交易信息平台

区域性农业股权众筹信息平台的主要功能就是要实现一定区域内农业股权众筹信息披露的标准化与制度化。证券披露信息标准化与制度化的核心就是确定相关市场的"重大性标准"。在有效证券市场中,"重大性标准"通常定义为理性投资者投资决策标准。然而,众筹却是非有效的市场。信息不对称导致农业股权众筹市场存在严重的"柠檬效应"。一些在有效市场无关紧要的信息,在农业股权众筹市场中可能是重大信息。农业股权众筹发行者未能提供适当的信息披露可能导致虚假陈述或者误导。为此,本研究建议,农业股权众筹发行应以最不精明的投资者行为作为众筹欺诈认定标准。换言之,农业股权众筹所表述的信息必须能够使"非有效市场"中的投资者所理解与接受。

(三)推动农业众筹项目认证与平台评级工作

绿色消费是农业众筹发展的主要动力。遗憾的是,多数农业众筹项目只能提供众筹发起人的个人承诺,只有少数项目能够提供质量认证证据。虽然视频或图片等能够在一定程度上提升投资者积极性,然而大多数投资者缺乏专业鉴别能力和机会。因此,地方政府应当积极介入农业质量认证工作。通过引入专业的第三方权威认证机构,对农业众筹项目的各个环节进行独立审核,实现对绿色项目的全过程追溯(乔宇锋,2020)。推动农业平台评级工作是一个具有重要意义的基础工作。本书的研究发现,评级越高的平台越容易吸引资本市场注意,那些从传统电商转型而来众筹平台也更加容易成功。当前的问题是,众筹平台评级不仅缺乏透明度,而且不够普及。

(四)完善农业众筹"第三方"市场

中国农业生产相对分散、农业保险市场发展滞后等诸多因素,导致农业众筹项目风险集中。为了提高众筹市场效率,应适当引入合格"第三方"分散投资风险。当发行人与潜在投资者对相关信息存在疑虑时,可以要求"第三方"提供进一步的信息披露或担保。从农业众筹融资角度来看,当发起者资信受质疑时,"第三方"可以提供鉴证、担保、建议等服务;从农业众筹投资角度来看,当众筹投资方能力不足以应对时,"第三方"可以提供投资咨询、法律诉讼等服务。只有当"第三方"愿意为其所提供的服务承担连带责任,农业众筹市场风险才能得到分散。因此,农业众筹市场中介都必须具备一定的清算能力。"第三方"实质性审查将增加项目融资成本,降低市场效率,所以,"第三方"市场需要经过耐心地培育和长期的发展过程。

参考文献

[1] Aaker J L, Akutsu S. Why do people give? the role of identity in giving[J]. Journal of Consumer Psychology, 2009, 19(3): L267-270.

[2] Agrawal A, Catalini C, Goldfarb A. Are syndicates the killer app of equity crowdfunding? [J]. California Management Review, 2016, 58(2): 111-124.

[3] Bambauer-Sachse S, Mangold S. Brand equity dilution through negative online word-of-mouth communication[J]. Journal of Retailing and Consumer Services, 2011, 18(1): 38-45.

[4] Beier M, Wagner K. Crowdfunding between social media and e-commerce: online communication, online relationships and fundraising success on crowdfunding platforms[J]. SSRN Electronic Journal, 2014(10): 1-35.

[5] Belleflamme P, Peitz M. Platform competition and seller investment incentives[J]. European Economic Review, 2010, 54(8): 1059-1076.

[6] Bikhchandani S, Welch HI. A theory of fads, fashion, custom, and cultural change as informational cascades[J]. Journal of Political Economy, 1992, 100(5): 992-1026.

[7] Burtch, Gordon, Ghose, et al. An empirical examination of the antecedents and consequences of contribution patterns in crowd-funded markets[J]. Information Systems Research, 2013, 24(3): 499-519.

[8] Cao Q, Duan W, Gan Q. Exploring determinants of voting for the "helpfulness" of online user reviews: a text mining approach[J]. Decision Support Systems, 2011, 50(2):511-521.

[9] Caplan M Z, Hay D F. Preschoolers' responses to peers' distress and beliefs about bystander intervention[J]. Journal of Child Psychology and Psychiatry, 1989, 30(2):231-242.

[10] Carl I. Hovland, Walter Weiss. The influence of source credibility on communication effectiveness[J]. Audiovisual Communication Review, 1951, 15(4):635-650.

[11] Carree M A, Thurik A R. The impact of entrepreneurship on economic growth[M]. Handbook of Entrepreneurship Research. 2010:557-594.

[84] Chen X P, Yao X, Kotha S. Entrepreneur passion and preparedness in business plan presentations: a persuasion analysis of venture capitalists' funding decisions[J]. The Academy of Management Journal, 2009, 52(1):199-214.

[12] Chen Z, Lurie N H. Temporal contiguity and negativity bias in the impact of online word of mouth[J]. Journal of Marketing Research, 2013, 50(4):463-476.

[13] Cialdini R B, Kallgren C A, Reno R R. A focus theory of normative conduct: a theoretical refinement and reevaluation of the role of norms in human behavior[J]. Advances in Experimental Social Psychology, 1991, 24(1):201-234.

[14] Connelly B L, Certo S T, Ireland R D, et al. Signaling theory: a review and assessment.[J]. Journal of Management Official Journal of the Southern Management Association, 2015, 37(1):39-67.

[15] Courtney C, Dutta S, Li Y. Resolving information asymmetry: signaling, endorsement, and crowdfunding success[J]. Entrepreneurship

Theory and Practice,2017,41(2):265-290.

[16]Cramer R E, McMaster M R, Bartell P A, et al. Subject competence and minimization of the bystander effect[J]. Journal of Applied Social Psychology,1988,18(13): 1133-1148.

[17]Cynthia Whissell. Objective analysis of text: ii. using an emotional compass to describe the emotional tone of situation comedies[J]. Psychological Reports,1998,82(2):643-646.

[18]Darley J M, Latane B. Bystander intervention in emergencies: diffusion of responsibility[J]. Journal of personality and social psychology,1968,8(4):377-383

[19]Davis B C , Hmieleski K M , Webb J W. Funders'positive affective reactions to entrepreneurs'crowdfunding pitches: the influence of perceived product creativity and entrepreneurial passion[J]. Journal of Business Venturing,2017,32(1):90-106.

[20]Deci E L, Koestner R, Ryan R M. A meta-analytic review of experiments examining the effects of extrinsic rewards on intrinsic motivation[J].Psychological Bulletin,1999, 125(6):692-700.

[21]Desteno D , Petty R E, Rucker D D. Discrete emotions and persuasion: the role of emotion-induced expectancies[J].Journal of personality and Social Psychology,2004, 86(1):43-56.

[22]Dutta S, Folta T B. A comparison of the effect of angels and venture capitalists on innovation and value creation[J]. Journal of Business Venturing,2016,31(1):39-54.

[23]Eagly A H , Johnson B T. Gender and leadership style: a meta-analysis[J]. Psychological Bulletin,1990,108(2):233-256.

[24]Eagly AH, Mary C. Johannesen-Schmidt. The leadership styles of women and men[J]. Journal of Social Issues, 2010,57(4):781-797.

[25]Elizabeth, M, Gerber, et al. Crowdfunding: Motivations and

deterrents for participation[J]. ACM Transactions on Computer-Human Interaction (TOCHI), 2013, 20(6):34-43.

[26]Elizabeth, Kulik. Small Businesses And Crowdfunding[J].Cleaning & maintenance management: CM/Cleaning & maintenance management, 2013, 50(11):46-47.

[27]Fehr E, Falk A.Psychological foundations of incentives[J]. CESifo Working Paper Series, 2002. 46(4-5): 687-724.

[28]Fischer P, Krueger J I, Greitemeyer T, et al. The bystander-effect: a meta-analytic review on bystander intervention in dangerous and non-dangerous emergencies[J]. Psychological bulletin, 2011, 137(4):517-522.

[29]Gerber E M, Hui J. Crowdfunding: motivations and deterrents for participation[J]. ACM Transactions on Computer-Human Interaction, 2014, 20(6):34-32.

[30] Glaser B G, Strauss A L. The discovery of grounded theory: strategies for qualitative research[M]. 1967.

[31]Gleasure R, Feller J . A Rift in the ground: theorizing the evolution of anchor values in crowdfunding communities through the oculus rift case study[J]. Journal of the Association for Information Systems, 2016, (10): 708-736.

[32]Gleasure R, Feller J .A rift in the ground: theorizing the evolution of anchor values in crowdfunding communities through the oculus rift case study [J]. Journal of the Association for Information Systems, 2016, Forthcoming (10):708-736.

[33]Hennig-Thurau T, Gwinner K P, Walsh G, et al. Electronic word-of-mouth via consumer-opinion platforms: what motivates consumers to articulate themselves on the Internet? [J]. Journal of Interactive Marketing, 2010, 18(1):35-82.

[34] Hildebrand, Thomas, Puri, et al. Adverse incentives in

crowdfunding[J]. Management Science, 2016, 63(3):587-608.

[35]Hoffman L, Novak P. Marketing in hypermedia computer-mediated environments: conceptual foundations[J]. Journal of Marketing, 1996, 60(3):50-68.

[36] Hsu D H. Experienced entrepreneurial founders, organizational capital, and venture capital funding[J]. Research Policy, 2007, 36(5):722-741.

[37]Hsu D H. What do entrepreneurs pay for venture capital affiliation?[J]. Journal of Finance, 2004, 59(4):1805-1844.

[38]Hundley G . Why and When Are the Self - Employed More Satisfied with Their Work? [J]. Industrial Relations: A Journal of Economy and Society, 2001, 40(2):293-316.

[39]Janyce Wiebe, Theresa Wilson, Claire Cardie. Annotating Expressions of Opinions and Emotions in Language[J]. Language Resources and Evaluation, 2006, 39(2-3):165-210.

[40]Klapper L F, Parker, et al. Gender and the Business Environment for New Firm Creation[J]. World Bank Research Observer, 2011, 26(2):237-257.

[41] Korfiatis N, E García-Barriocanal, S Sánchez-Alonso. Evaluating content quality and helpfulness of online product reviews: The interplay of review helpfulness vs. review content[J]. Electronic Commerce Research and Applications, 2012, 11(3):205-217.

[42] Kotler, Philip. Marketing Management[J]. Upper Saddle River, 2007, 17(1):99-99.

[43] Lambert T, Schwienbacher A, An Empirical Analysis of Crowdfunding[J]. Electronic Journal, 2010:1-23.

[44]Langley D J, Hoeve M C, Ortt J R, et al. Patterns of Herding and their Occurrence in an Online Setting[J]. Journal of Interactive Marketing,

2014,28(1):16-25.

[45]Lee J, Park DH, Han I. The effect of negative online consumer reviews on product attitude: An information processing view[J]. Electronic Commerce Research & Applications,2009,7(3):341-352.

[46]Lee S, Choeh J Y. Predicting the helpfulness of online reviews using multilayer perceptron neural networks[J]. Expert Systems with Applications, 2014,41(6):3041-3046.

[47] Li Y, Rakesh V, Reddy C K. Project success prediction in crowdfunding environments[C]// Acm International Conference on Web Search & Data Mining. ACM,2016.

[48]Marom D, Sade O. Are the life and death of a young start-up indeed in the power of the tongue? lessons from online crowdfunding pitches[J]. SSRN Electronic Journal,2013(23):1-59.

[49] Milagros Fernández-Gavilanes, Tamara Álvarez-López, et al. Unsupervised method for sentiment analysis in online texts. 2016,58:57-75.

[50]Minniti,Maria,Bygrave,et al. A dynamic model of entrepreneurial learning.[J]. Entrepreneurship Theory & Practice,2001,25(3):5-16.

[51]Mitchell R K, Busenitz L W, Bird B, et al. The central question in entrepreneurial cognition research 2007 [J]. Entrepreneurship Theory & Practice,2010,31(1):1-27.

[52]Mollick,E.The dynamics of crowdfunding: an exploratory study[J]. Social Science Electronic Publishing,2014,29(1):1-16.

[53] Morgan, R M, Hunt, S D. The commitment-trust theory of relationship marketing[J].Journal of Marketing,1994,58(3):20-38.

[54]Mudambi S M, Schuff D. What makes a helpful online review? a study of customer reviews on amazon.com[J]. MIS Quarterly,2010,34(1):185-200.

[55]Nan H, Bose I, Gao Y, et al. Manipulation in digital word-of-

mouth: a reality check for book reviews[J]. Decision Support Systems, 2011, 50(3):627-635.

[56] Nanda R, Khanna T. Diasporas and Domestic Entrepreneurs: Evidence from the Indian Software Industry[J]. Journal of Economics & Management Strategy, 2010, 19(4):991-1012.

[57] Nocke V, Peitz M. Advance-Purchase Discounts as a Price Discrimination Device[J]. Social Science Electronic Publishing,2011,146(1): 141-162.

[58]Nocke V,Peitz M,Rosar F. Advance-purchase discounts as a price discrimination device[J].Journal of Economic Theory, 2011, 146(1):141-162.

[59]Ozmel U, Reuer J J, & Gulati, R.Signals across multiple networks: How venture capital and alliance networks affect interorganizational collaboration[J]. Academy of Management Journal, 2013,56(3), 852-866.

[60] Paul Belleflamme, Thomas Lambert, Armin Schwienbacher. Crowdfunding: Tapping the right crowd[J]. Journal of Business Venturing,2014,29(5):585-609.

[61]Payne,A F,Storbacka,K.,Frow,P.Managing the co-creation of value [J].Journal of the Academy of Marketing Science, 2008, 36(1):83-96.

[62] Peter Younkin, Venkat Kuppuswamy. The Colorblind Crowd? Founder Race and Performance in Crowdfunding[J]. Management Science, 2017,64(7):2973-3468.

[63]Petty R E, Cacioppo J T. The Elaboration Likelihood Model of Persuasion[J]. Advances in Experimental Social Psychology, 1986, 19(1): 124-205.

[64] Pierro, Antonio, Mannetti, et al. Relevance Override: On the Reduced Impact of \"Cues\" Under High-Motivation Conditions of Persuasion Studies[J]. Journal of Personality & Social Psychology, 2004, 86(2):251-264.

[65]Purnawirawan N, Pelsmacker P D, Dens N. Balance and Sequence in

Online Reviews: How Perceived Usefulness Affects Attitudes and Intentions [J]. Journal of Interactive Marketing, 2012, 26(4):71-98.

[66]Quero M J, Ventura R, Santoja A. The role of balanced centricity in the Spanish creative industries adopting a crowd-funding organisational model [J].Journal of Service Theory & Practice, 2015, 25(2):122-139.

[67] Ravasi D, Turati C. Exploring entrepreneurial learning: a comparative study of technology development projects[J]. Journal of Business Venturing, 2005, 20(1):137-164.

[68] Renner B. Hindsight bias after receiving self-relevant health risk information: a motivational perspective[J]. Memory, 2003,11(45):455-472.

[69]Rindova V P, Petkova A P, Kotha S. Standing out: how new firms in emerging markets build reputation[J]. Strategic Organization,2007,5(1):31-70.

[70] Robert C Sinclai, Sean E Moore, Melvin M Mark, et al. Incidental moods, source likeability, and persuasion: liking motivates message elaboration in happy people[J]. Cognition & Emotion, 2010, 24(6):940-961.

[71]Sako M. Prices, quality and trust: inter-firm relations in Britain and Japan[M]. Cambridge Univ. Press, Cambridge, 1992.

[72]Sanders W G, Boivie S. Sorting things out: valuation of new firms in uncertain markets[J]. Strategic Management Journal, 2010, 25(2):167-186.

[73]Schwienbacher A, Larralde B. Crowdfunding of small entrepreneurial ventures[M]. Oxford University Press, 2010.

[74]See-To E W K, Ho K K W. Value co-creation and purchase intention in social network sites: the role of electronic word-of-mouth and trust — A theoretical analysis[J].Computers in Human Behavior, 2014, 31(1):182-189.

[75]Spence M. Job market signaling[J]. Quarterly Journal of Economics, 1973, 87(3):355-374.

[76]Stefan Pitschner, Sebastian Pitschner-Finn. Non-profit differentials in

crowd-based financing: evidence from 50 000 campaigns[J]. Economics Letters,2014,123(3):391-394.

[77] Thomas H A, Blakley C D, Justin W W, et al. Persuasion in crowdfunding: an elaboration likelihood model of crowdfunding performance [J]. Journal of Business Venturing,2017,32(6):707-725.

[78] Tirdatov I. Web-based crowd funding: rhetoric of success[J]. Technical Communication, 2014, 61(1):3-24.

[79]Turney P. Thumbs up or thumbs down? semantic orientation applied to unsupervised classification of reviews[J]. Proceedings of the Association for Computational Linguistics, 2002:417-424.

[80]Vinkenburg C J, Engen M L V , Eagly A H , et al. An exploration of stereotypical beliefs about leadership styles: is transformational leadership a route to women's promotion? [J]. The Leadership Quarterly, 2011, 22(1): 10-21.

[81]Vladimir Zwass. Co-creation: toward a taxonomy and an integrated research perspective[J]. International Journal of Electronic Commerce,2010, 15(1):11-48.

[82] Wang N, Li Q, Liang H. Understanding the importance of interaction between creators and backers in crowdfunding success[J]. Electronic Commerce Research & Applications, 2018, 27(1):106-117.

[83]Wu J J,Chang Y S. Towards understanding members' interactivity, trust, and flow in online travel community[J]. Industrial Management & Data Systems, 2005, 105(7):937-954.

[85]Yeung A,Ulrich D,Nason S,et al.Organizational learning capability, New York: Oxford University Press,1999:1-173.

[86]Zhou J,Lu B,Fan P. Project description and crowdfunding success: an exploratory study[J]. Information Systems Frontiers, 2018, 20 (2): 259-274.

[87]毕娅,陶君成.基于城乡资源互补的社会众筹扶贫模式及其实现路径研究[J].管理世界.2016(8):174-175.

[88]蔡淑琴,秦志勇,李翠萍,等.面向负面在线评论的情感强度对有用性的影响研究[J].管理评论,2017,29(2):79-86.

[89]曾德国,张凤军.消费者众筹购物决策的认知偏差及实证研究[J].商业经济研究,2016,9(9):37-39.

[90]曾江洪,甘信禹.社会资本对众筹项目融资成功率影响的实证研究[J].技术经济,2014,33(11):90-95.

[91]曾江洪,甘信禹.社会资本对众筹项目融资成功率影响的实证研究[J].技术经济,2014,11(11):90-95.

[92]曾江洪,黄睿.众筹模式投资者感知价值维度研究[J].中南大学学报(社会科学版),2015,21(3):100-106.

[93]曾江洪,黄向荣,吴号.众筹中主体互动、价值共创与产品创新[J].科研管理,2019,40(11):226-235.

[94]曾江洪,李林海.质量信号对农业众筹项目融资成败影响的实证研究[J].广西社会科学,2017,(6):78-83.

[95]陈国权,周为.领导行为、组织学习能力与组织绩效关系研究[J].科研管理,2009,30(5):148-186.

[96]陈艳艳,李敬东.投资者信息处理方式对连续众筹融资绩效的影响——基于"摩点网"的实证分析[J].商业研究,2020,519(7):118-127.

[97]樊云慧.股权众筹平台监管的国际比较[J].法学,2015(4):84-91.

[98]冯玮隆,杜伟岸.奖励式众筹的价值信息创造功能研究——基于Logit和MLR模型的实证检验[J].软科学,2018,32(12):127-131.

[99]冯彦杰,孙传超,张超亿,等.网络股权众筹平台的关键风险因素——基于扎根理论和层次分析法的研究[J].上海立信会计金融学院学报,2018(4):29-46.

[100]傅穹,杨硕.股权众筹信息披露制度悖论下的投资者保护路径构建[J].社会科学研究,2016(2):77-83.

[101]郭彦廷.互联网金融视角下股权众筹融资问题研究——以京东东家为例[J].中国集体经济,2020(28):90-91.

[102]郭韫丽,尹小莉.图书馆众筹绩效影响因素的实证分析——基于有序多分类Logistic回归分析[J].图书馆研究与工作,2020,2(2):23-28.

[103]郝媛媛,叶强,李一军.基于影评数据的在线评论有用性影响因素研究[J].管理科学学报,2010(8):78-88.

[104]黄佳,李丹.企业创业活动与组织创新绩效的实证研究[J].科技管理研究,2009(1):153-155.

[105]黄健青,黄晓凤,殷国鹏.众筹项目融资成功的影响因素及预测模型研究[J].中国软科学,2017(7):91-100.

[106]黄漫宇,李若男.农业众筹项目融资绩效影响因素的实证分析[J].统计与决策,2018,(11):172-175.

[107]黄志刚,唐旻.中国众筹成功率影响因素研究——以淘宝众筹为例[J].亚太经济,2018,4(4):103-110.

[108]蒋多,徐富明,陈雪玲,等.资本市场中投资者羊群行为的心理机制及其影响因素[J].心理科学进展,2010,5(5):810-818.

[109]凯西·卡麦兹著,边国英.建构扎根理论:质性研究实践指南[M].重庆大学出版社,2009.

[110]李爱国,邓召惠,毛冰洁.Web 2.0环境下在线负面评论及商家回复研究述评[J].企业经济,2017(1):115-121.

[111]李国鑫,王正沛.科技类奖励众筹支持者参与动机及参与意愿影响因素研究[J].管理学报,2016,4(4):580-587.

[112]李璟琰,焦豪.创业导向与组织绩效间关系实证研究:基于组织学习的中介效应[J].科研管理,2008(5):35-41.

[113]李林海.政府扶持、社会资本对众筹扶贫绩效提升的实证研究[J].中国商论,2019(22):38-40.

[114]李晓鑫,曹红辉.信息披露、投资经验与羊群行为——基于众筹投资的研究[J].财贸经济,2016,10(10):72-86.

[115]李芸.众筹平台商业模式的比较研究——以Kickstarter和京东众筹为例[J].中国商论,2020,No.823(24):110-114.

[116]李宗超,谭立勤.基于扎根理论的农业众筹投资者参与动机研究[J].智库时代,2018(34):69+103.

[117]李宗伟,张艳辉,夏伟伟.卖家反馈能否引发高质量的在线评论信息?——基于淘宝网的实证分析[J].中国管理科学:2020.

[118]刘美林,李姚矿.股权众筹三方参与者对认投完成率的影响研究——以平台评级为中介变量[J].科技管理研究,2018,38(013):215-220.

[119]刘明霞,黄丹.基于扎根理论的奖励型众筹发起者参与动机研究[J].科技进步与对策,2015,32(24):6-11.

[120]刘晓峰.产品回报型众筹的投资者行为研究——基于AON和KIA的对比分析[J].中南财经政法大学学报,2019(06):31-41.

[121]刘征驰,何焰,马滔,等.基于发起人视角的创意众筹异质性激励机制研究[J].管理学报,2017,14(06):868-876.

[122]刘志迎,彭宝安,马朝良.奖励型众筹中的描述性信息会影响融资绩效吗?[J].外国经济与管理,2018,40(09):84-95.

[123]刘志迎,彭宝安.奖励型众筹中投资者存在羊群行为吗?——一个实证研究[J].科学学与科学技术管理,2018,6(6):49-57.

[124]马向阳,徐富明,吴修良,等.说服效应的理论模型、影响因素与应对策略[J].心理科学进展,2012,20(5):735-744.

[125]牛全保,陈少星.信任、承诺与众筹投资意愿——基于社会交换理论[J].上海商学院学报,2018,19(1):1-8.

[126]彭红枫,米雁翔.信息不对称、信号质量与股权众筹融资绩效[J].财贸经济,2017,38(5):80-95.

[127]彭晓东,申光龙.虚拟社区感对顾客参与价值共创的影响研究——基于虚拟品牌社区的实证研究[J].管理评论,2016,28(11):106-115.

[128]彭颖.基于扎根理论的众筹融资信用风险识别与管理机制研究[D].兰州大学,2018.

[129]钱颖,朱莎.基于项目类型的股权众筹羊群行为及领投人作用研究[J].科技进步与对策,2017,34(1):15-19.

[130]乔宇锋.农业众筹助推绿色发展的实现逻辑与构建路径[J].南方金融,2020(8):71-80.

[131]荣泰生.AMOS与研究方法[M].重庆:重庆大学出版社,2009.

[132]申光龙,彭晓东,秦鹏飞.虚拟品牌社区顾客间互动对顾客参与价值共创的影响研究——以体验价值为中介变量[J].管理学报,2016,13(12):1808-1816.

[133]史莹娟,邱峰,蒯庆梅.聚焦农业众筹:效应、困境及推进策略[J].农村金融研究,2017(5):68-72.

[134]唐泽威,范哲,赵宇翔,等.基于扎根理论的公益众筹平台用户体验概念框架研究[J].情报杂志,2020,39(11):143-150.

[135]陶晓波,范正芳,张欣瑞,等.众筹投资意愿影响机理研究——以"三个爸爸"儿童空气净化器众筹为例[J].科技进步与对策,2016,33(17):25-30.

[136]田歆,宋岩,曹沙沙,等.众筹商业模式与运作机制实证研究——以Kickstarter为例[J].管理评论,2019,31(7):210-224.

[137]王洪伟,袁云,郑丽娟,等.基于顾客让渡价值的众筹融资效果实证分析——考虑项目文本说服性的影响[J].软科学,2018,32(12):104-108.

[138]王华锋,李生校,窦军生.创业失败、失败学习和新创企业绩效[J].科研管理,2017,38(4):94-103.

[139]王林,骆冬赢,释海璋,等.基于执行意向的网购情景线索与行为反应关联模型研究[J].软科学,2018,32(1):118-121,129.

[140]王念新,侯洁,葛世伦.从众还是旁观?众筹市场中出资者行为的实证研究[J].管理工程学报,2016,30(4):124-134.

[141]王萍萍,韩一军,刘乃郗,等.网页交互与发起人资历对农业众筹项目融资绩效的影响[J].科技进步与对策,2018,35(10):45-51.

[142]王婷,郑阳阳.众筹融资的关键风险识别——基于扎根理论的研究[J].吉林工商学院学报,2015,30(4):61-65,81.

[143]王伟,陈伟,祝效国,等.众筹融资成功率与语言风格的说服性——基于 Kickstarter 的实证研究[J].管理世界,2016(5):81-98.

[144]王兆怡,李华.美英农业股权众筹发展分析及对中国的启示[J].农业展望,2020,16(1):43-49.

[145]王真真.投资者参与奖励型众筹行为影响因素的实证研究[D].江苏科技大学,2017.

[146]魏江,焦豪.创业导向、组织学习与动态能力关系研究[J].外国经济与管理,2008,30(2):36-41.

[147]吴肃然,李名荟.扎根理论的历史与逻辑[J].社会学研究,2020,35(2):75-98,243.

[148]武文珍,陈启杰.基于共创价值视角的顾客参与行为对其满意和行为意向的影响[J].管理评论,2017,29(9):167-180.

[149]武雅敏,郭丽芳,马家齐,等.互动感知、信任与农业众筹参与意愿的影响研究[J].世界农业,2018(3):71-77.

[150]夏恩君,李森,赵轩维.国外众筹研究综述与展望[J].技术经济,2015(10):10-16.

[151]肖建,朱泓宇,贾晋.农业众筹融资平台的对比研究与最优选择[J].农村经济,2017(1):24-29.

[152]岳中刚,周勤,杨小军.众筹融资、信息甄别与市场效率——基于人人贷的实证研究[J].经济学动态,2016(1):54-62.

[153]翟琳丽,张森,丁晓晨.股权众筹融资绩效影响因素分析:基于人人投的实证研究[J].武汉理工大学学报(信息与管理工程版),2017,39(5):569-574.

[154]张燕,侯启玲."区块链+农业众筹":创新、风险及其法治监管[J].华中农业大学学报(社会科学版):2021(2):42-50.

[155]张燕华,陈肖华.产品众筹与股权众筹融资模式对比分析——基于"京东产品与股权众筹"的实证研究[J].金融与经济,2018(12):20-26.

[156]赵宇翔,陈立.面向大学生创业的众筹模式运用:基于扎根理论的分析[J].科技进步与对策,2016,33(17):131-138.

[157]郑春东,韩晴,王寒.网络水军言论如何左右你的购买意愿[J].南开管理评论,2015,18(1):89-97.

[158]郑筱婷,商诗语.公益特征对农产品众筹金额和成功可能性的影响:基于众筹网的实证研究[J].产经评论,2019,10(1):56-71.

[159]周劲波,宋站阳.制度环境视角下众筹创业模式的影响机制研究——基于双重调节效应的模型实证分析[J].重庆社会科学,2020(1):54-67.

[160]朱海波,马九杰.发起人特征、信用背书与偏远贫困地区农产品众筹扶贫项目的融资绩效[J].中国农村经济,2020(3):22-35.

附录

附1：分词程序

Appendix-1：Word segmentation program

```
import jieba.analyse as analyse
lines = open("文本.txt", "r", encoding='ANSI').read()
seg_list = analyse.extract_tags(lines, topK=200, withWeight=False, allowPOS=())
print(seg_list)
```

附2：新词提取程序

Appendix-2：New word extraction program

```
importnumpy as np
import pandas as pd
import re
from numpy import log, min
s=open("文本.txt", "r", encoding='ANSI).read()
```

```python
drop_dict = [u' ', u'\n', u'。', u'，', u'：', u'(', u')', u'[', u']', u'.', u',', u' ', u'\u3000', u'"', u'"', u'? ', u'？', u'! ', u'"', u'"', u'…']
for i in drop_dict:
    s = s.replace(i, '')
myre = {2:'(..)', 3:'(...)', 4:'(....)', 5:'(.....)', 6:'(......)', 7:'(.......)'}
min_count = 10
min_support = 30
min_s = 3
max_sep = 4
t = []
t.append(pd.Series(list(s)).value_counts())
tsum = t[0].sum()
rt = []
for m in range(2, max_sep + 1):
    t.append([])
    for i in range(m)
        t[m - 1] = t[m - 1] + re.findall(myre[m], s[i:])
    t[m - 1] = pd.Series(t[m - 1]).value_counts()
    t[m - 1] = t[m - 1][t[m - 1] > min_count]
    tt = t[m - 1][:]
    for k in range(m - 1):
        qq = np.array(list(map(lambda ms: tsum * t[m - 1][ms] / t[m - 2 - k][ms[:m - 1 - k]] / t[k][ms[m - 1 - k:]], tt.index))) > min_support
        tt = tt[qq]
    rt.append(tt.index)
def cal_S(sl)
    return -((sl / sl.sum()).apply(log) * sl / sl.sum()).sum()
```

```
for i in range(2, max_sep + 1):
    pp = []
    for j in range(i + 2):
        pp = pp + re.findall('(.)%s(.)' % myre[i], s[j:])
    pp = pd.DataFrame(pp).set_index(1).sort_index()
    index = np.sort(np.intersect1d(rt[i - 2], pp.index))
    index = index[np.array(list(map(lambda s: cal_S(pd.Series(pp[0][s]).value_counts()), index))) > min_s]
    rt[i - 2] = index[np.array(list(map(lambda s: cal_S(pd.Series(pp[2][s]).value_counts()), index))) > min_s]
for i in range(len(rt)):
    t[i + 1] = t[i + 1][rt[i]]
    t[i + 1].sort(axis=1, ascending=False)
pd.DataFrame(pd.concat(t[1:])).to_csv('result.txt', header=False)
```

附3：农业众筹描述文本关键词提取示例

样本	关键词
1	理念、绿色、深加工、美食、养生、味道、农产品、现代化、优质、生产、质检中心、食品、自动生产线、标准化仓储
2	消费者、互联网、假酒、体验、传承、白酒、初心、表里如一、无愧于心、保真、虚高、社群、独具匠心、民族文化
3	蜂蜜、健康、酿造、甜蜜、发展理念、做大做强、技艺、酿酒、情感、海洋大学、研发、励志、吉林大学
4	种植、盐碱地、黄河、大米、口福、基地、鄂尔多斯市、一千亩、撂荒、实验基地
5	红枣、枣农、种枣、好几倍、新疆、产量、化肥、污染、渔利、艰苦朴素、外来户、脱贫、污染、难觅其踪、原生态

续表

样本	关键词
6	简约、名茶、回味、南京、特色、自留、花茶、迷住、大方、分享、包装、经典、独特、接触、经典
7	自然、活酒、酒类、微生物、自然生态、承诺、品牌、健康、发酵、品质、食品科技、安全健康
8	酒令、年轻人、众筹、白酒、口感、酒业、聚会、传统、享誉中外、初体验、符合、品牌、无添加、无勾兑
9	矿泉水、指标、偏硅酸、天然、人工添加剂、检测、生命、饮用水、质检、受欢迎、国内外罕见、检测指标、认证服务
10	传承古法、酱香、国酒、酿艺、酒厂、坚守、代理、敢为天下先、金装、小酒、众筹、传下去、传统酿艺、真品
11	白酒、酒业、初心、年轻化、消费者、众筹、认认真真
12	海带、鲜甜、干净、研发、愿景、众筹、原汁原味、美好生活
13	儿时、味道、闽南语、有凤来仪、民者、效益、饮食文化、不断前进、现代科技、搬运工
14	电商、果农、新鲜、农产品、鲜橙、众筹、农科院、贫困线、中间环节、保鲜、纯正、栽种
15	众筹、电子商务、希望、运营、世家
16	茶叶、知己、才能、希望、品质、无数、个中滋味
17	大米、匠心、立志、地理位置、优越、文化、有机、营养、专业
18	品牌、白酒、酒业、美酒、基地建设、军人
19	松茸、咖酒、生物科技、健康、注册、保健酒
20	通达、药物、快快乐乐、情绪、开开心心、健健康康、和风细雨、夜不能寐、希望、愉悦、陪伴
21	松籽、大山、印象、质量、林区、挑选、产区、优质、好货、原汁原味、鱼龙混杂
22	众筹、合作社、平台、帮助、参与、获得、产品、优惠、种植
23	调理、团队、肠胃、举杯畅饮、研发、泡制、医药学家、品牌、创传、奇方、共赢、忠粉
24	电商、果农、秭归、柑桔、屈原、故里、爱国、新鲜、农产品、美质、平台
25	产品、健康、配方、初心、怀揣、自信心、责任心、经得起、扎根、调试、试用、呵护、坚信、反馈、专注、检验、团队、探索、升级
26	白酒、酱香型、酿造、工艺、认证、酱酒、酱香、品质、管理体系、正宗、传统、初心、品牌

续表

样本	关键词
27	食品、推广、健寿美高、健寿美、蓝莓、冰酒、名优产品、背书、现代农业
28	黄精、养生、产品、主导、古法、生态农业、愿景、众筹、健康、食品、初加工、科技开发、原生态
29	汾河、清香型酒、汾酒、传承、酿酒、文化、喝酒、呼朋唤友、山西、纯粮、味三绝、众筹
30	枸杞、烘干、天然、宁夏、产区、沙漠、甘肃、农产品、加工
31	白酒、品质、朴实、管理制度、认证服务、自然
32	提取、配制、健康、动植物、品质、感受、真材实料、食品、朋友、永无止境、践行、守信、稳定、食品安全、高新技术
33	众筹、种植、扶贫攻坚、合作社、始终、村支部、脱贫
34	众筹、现实、坚持、认识、可能、脱贫、安全、年轻一代、贫困户
35	养殖、螃蟹、脱贫致富、无公害、养殖户、龙虾、扶贫、带动、平价、道路、标准化、希望、开始、生态
36	全乡、示范园、精准扶贫、劳务、发展、勤劳、产业、人口、旅游、改良品种
37	乡亲们、种植、荒地、小镇、豌豆、众筹、增加收入、特色、收购价格、美味、家乡、本地、泄洪区、共同致富、产品
38	养殖、合作社、入股、农户、建档立卡、扩大规模、纯收益、群众、低保户、贴息贷款、提高效益、科技创新
39	果农、众筹、芒果、帮扶、果子、价钱、帮农、脱贫、卫视、希望、精准扶贫、行业协会
40	示范县、助农、功能区、扶贫、丰收、全县、大山、生态、蔬菜、油桃、果农
41	水果、老百姓、美味可口、果农、做强、脱贫、蓝天白云、攻坚、老区、帮扶、返乡、微薄
42	羊肉、贫困户、养殖户、扶贫、种植、农户、牛奶、建档立卡、养殖、脱贫
43	大米、帮助、水稻、优质、生活、种植、贫困家庭、甜水、做足、众筹、建档立卡、改变现状、家乡人、农民、河蟹
44	种植、大米饭、旱稻、双堆、贫困、扶贫、能源、基地、大米、苏鲁豫、群众
45	贵宾、保健酒、白酒、企业形象、贵州、茅台、浓香型、贮存期、国酒、质量体系、酒之魂、工艺技术
46	牧民、水草、游牧、牧鞭、建档立卡、工资收入、高头大马、贫困户、利民

续表

样本	关键词
47	产业、大蒜、初心、生长、众筹、催熟、脱贫致富、发展、自然生态、农民收入、化学物质、传承、勤劳、知晓
48	苹果、荒山、合作社、统一、优质、品尝、乡亲们、基地、资金、无公害、父老乡亲、销售、种植、山地
49	枇杷、众筹、果农、销路、五星、互递、天然、成熟、大山深处、更严、管护、好收成
50	众筹、合作社、平台、帮助、参与、获得、产品、优惠、种植
51	内蒙古草原、屠宰、鲜美、信息、放牧、羊肉、众筹、餐桌、平价、消费者、配送、加工、品尝
52	传承、东阿、阿胶、滋养、匠心、食材、七种、职场、零食、打拼、滋补、国宝、汲取、宠爱、甜蜜、心爱
53	劳茶、制茶、众筹、色香味、醇厚、萃取、口感、技术、包容、传承、精湛、便捷、精华、力求、苏宁、历经、群体、传递
54	一荤一素、休闲、农户、品质、系列、实验基地、健康、食品、产业、产品
55	益生菌、健康、菌株、生态、研发、制剂、口腔、始终、雄厚实力
56	工艺、啤酒、酿造、酿制、独特、大米、贫困户、日臻完善、优质、锦上添花、技术、品牌
...	......
2008	文旅、生态农业、红谷、康养、农业、啤酒、技术、研发、花卉苗木、集农创、务真、满足
2009	蜂蜜、黑蜂、原生态、产业基地、纯真、自然、祈得、原蜜、深山密林、贴近生活、生活态度
2010	羊奶、蜂蜜、养殖、互联网、观光旅游、众筹、羊奶粉、花样百出、奶山羊、敏感话题、鲜奶、父老乡亲、良莠不齐、地地道道、千家万户

附4：基于情感词典的情感分析程序

Appendix-4：Sentiment analysis program based on sentiment dictionary

```python
def read_line(filename):
    fp = open(filename,'r',encoding='gbk')
    lines = []
    for line in fp.readlines():
        line = line.strip()
        lines.append(line)
    fp.close()
    return lines

def cut_sentence(text):
    sentences=SentenceSplitter.split(text)
    sentence_list=[w for w in sentences]
    return sentence_list

def tokenize_word(sentence):
    segmentor=Segmentor()
    segmentor.load(r'/cws.model')
    words=segmentor.segment(sentence)
    words=list(words)
    segmentor.release()
    return words

def del_stopwords(words):
    stopwords=read_line("/stop_words.txt")
    new_words=[]
    for word in words:
        if word not in stopwords:
            new_words.append(word)
```

```python
    return new_words
def value_fr(value):
    key_dict=[]
    if value=="most":
        key_dict=read_line("/most.txt")
    elif value=="very":
        key_dict=read_line(r"/very.txt")
    elif value=="more":
        key_dict=read_line("/more.txt")
    elif value=="ish":
        key_dict=read_line("/ish.txt")
    elif value=="insufficiently":
        key_dict=read_line("/insufficiently.txt")
    elif value=="over":
        key_dict=read_line("/over.txt")
    elif value=='posdict':
        key_dict=read_line("/pos_all_dict.txt")
    elif value=='negdict':
        key_dict=read_line("/neg_all_dict.txt")
    else:
        pass
    return key_dict
if __name__=='__main__':
    pos_dict=value_ft('posdict')
    neg_dict=value_ft('negdict')
    most_dict=value_ft('most')
    very_dict=value_ft('very')
    more_dict=value_ft('more')
```

```
ish_dict=value_ft('ish')
insufficient_dict=value_ft('insufficient')
over_dict=value_ft('over')
def match_ft(key_word):
if key_word in most_dict:
sentiment_word_value *=4
elif key_word in very_dict:
sentiment_word_value *=3
elif key_word in more_dict:
sentiment_word_value *=2
elif key_word in ish_dict:
sentiment_word_value *=0.5
elif key_word in insufficient_dict:
sentiment_word_value *= -0.3
elif key_word in over_dict:
sentiment_word_value *= -0.5
else:
sentiment_word_value *= 1
return sentiment_word_value
def judge_odd(num):
if num % 2==0:
return 'even'
else:
return 'odd'
def single_sentiment_score(text_sent):
sentiment_scores=[]
sentences=cut_sentence(text_sent)
for sent in sentences:
```

```
words=tokenize_word(sent)
seg_words=del_stopwords(words)
i=0
s=0
pos_count1=0
pos_count2=0
pos_count3=0
neg_count1=0
neg_count2=0
neg_count3=0
for word in seg_words:
if word in pos_dict:
poscount+=1
c=0
for w in seg_words[s:i]:
pos_count1=match_ft(w,pos_count1)
if w in open("inverse_dict"):
c+=1
if judge_odd(c)=='odd':
pos_count1 *=-1.0
pos_count2+=pos_count1
pos_count1=0
pos_count3=pos_count1+pos_count2+pos_count3
pos_count2=0
else:
pos_count3=pos_count1+pos_count2+pos_count3
pos_count1= 0
s=i+1
```

```
elif word in negdict:
    neg_count+=1
    d=0
    for w in seg_words[s:i]:
        neg_count=match_ft(w,neg_count)
        if w in open("inverse_dict"):
            d+=1
        if judge_odd(d)=='odd':
            neg_count1*=-1.0
        neg_count2+=neg_count1
        neg_count1=0
    neg_count3=neg_count1+neg_count2+neg_count3
    neg_count2=0
else:
    neg_count3=neg_count1+neg_count2+neg_count3
    neg_count1=0
s=i+1
elif word=='!' or word=='！' or word=='?' or word=='？':
    for w2 in seg_words[::-1]:
        if w2 in pos_dict:
            pos_count1+=2
            break
        elif w2 in neg_dict:
            neg_count+=2
            break
i+=1
sentiment_score=pos_count3-neg_count3
sentiment_scores.append(sentiment_score)
```

```
sentiment_total=0
for s in sentiment_scores:
    sentiment_total+=s
return sentiment_total
def run_score(contents):
    scores_list = []
    for content in contents:
        if content! ='':
            score = single_sentiment_score(content)
            scores_list.append((score,content))
    return scores_list
if __name__ == '__main__':
    text_fp=open('众筹交流文本','r',encoding='utf-8')
    text_read= text_fp.readline()
    scores=run_score(text_read)
    sentiment_value= []
    for score in scores:
        print('情感分值:',score[0])
        if score[0]<0:
            print('情感倾向:负面')
        elif score[0]==0:
            print('情感倾向:中性')
        else:
            print('情感倾向:正面')
        sentiment_value.append(s)
        print('情感分析文本:',score[1])
```

附5：基于深度学习的情感分析程序

Appendix-5：Sentiment analysis program based on deep learning

```python
importnumpy as np
import matplotlib.pyplot as plt
import re
import jieba
import os
from sklearn.model_selection import train_test_split
from gensim.models import KeyedVectors
from keras.models import Sequential
from keras.layers import Dense, GRU, Embedding, LSTM, Bidirectional
from keras.preprocessing.text import Tokenizer
from keras.preprocessing.sequence import pad_sequences
from keras.optimizers import Adam, RMSprop
from keras.callbacks import EarlyStopping, ModelCheckpoint, TensorBoard, ReduceLROnPlateau
import time
import warnings
warnings.filterwarnings("ignore")
start_time = time.time()
cn_model = KeyedVectors.load_word2vec_format('sgns.zhihu.bigram', binary=False)
end_time = time.time()
def read_data():
    pos_path = '/正向'
    neg_path = '/负向'
    pos_texts = os.listdir(pos_path)
```

```python
    neg_texts = os.listdir(neg_path)
    train_text_origin = []
    for i in range(len(pos_texts)):
        with open(pos_path + '/' + pos_texts[i], 'r', errors='ignore') as f:
            text = f.read().strip()
            train_text_origin.append(text)
    for i in range(len(neg_texts)):
        with open(neg_path + '/' + neg_texts[i], 'r', errors='ignore') as f:
            text = f.read().strip()
            train_text_origin.append(text)
    return train_text_origin
def tokenize(train_text_origin):
    train_tokenize = []
    for text in train_text_origin:
        text = re.sub("[\s+\.\!\/_,$%^*(+\"\']+|[+——!,。?、@#¥%……&*()]+", "", text)
        cut = jieba.cut(text)
        cut_list = [i for i in cut]
        for i, word in enumerate(cut_list):
            try:
                cut_list[i] = cn_model.vocab[word].index
            except KeyError:
                cut_list[i] = 0
        train_tokenize.append(cut_list)
    return train_tokenize
def preprocess_data(train_tokens):
    num_tokens_len = np.array([len(token) for token in train_tokens])
    max_tokens = int(np.mean(num_tokens_len) + 2 * np.std(num_
```

```
tokens_len))
    return max_tokens
    def reverse_tokens(tokens):
    text = ''
    for i in tokens:
    if i! =0:
    text = text + cn_model.index2word[i]
    else:
    text = text + ''
    return text
    def show_reverse_tokens(train_tokens, train_texts_origrin):
    reverse_word = reverse_tokens(train_tokens[0])
    def embed_matrix(embedding_dims=300):
    num_words = 50000
    embedding_m = np.zeros((num_words, embedding_dims))
    for i in range(num_words):
    embedding_m[i,:] = cn_model[cn_model.index2word[i]]
    embedding_m = embedding_m.astype('float32')
    print(np.sum(cn_model[cn_model.index2word[222]] == embedding_m[222]))
    print(embedding_m.shape)
    return embedding_m
    def pad_and_truncate(train_tokens, max_tokens, num_words=50000):
    train_pad = pad_sequences(
    train_tokens, maxlen=max_tokens, padding='pre', truncating='pre')
    train_pad[train_pad >= num_words] = 0
    print(train_pad[33])
    train_targets = np.concatenate([np.ones(2000), np.zeros(2000)])
```

```python
    X_train, X_test, y_train, y_test = train_test_split(
        train_pad, train_targets, test_size=0.1, random_state=12)
    return X_train, X_test, y_train, y_test
def train(embeding_m, max_tokens, X_train, y_train, embedding_dims=300, num_words=50000):
    model = Sequential()
    model.add(Embedding(num_words, embedding_dims, weights=[embeding_m],
        input_length=max_tokens, trainable=False))
    model.add(Bidirectional(LSTM(64, return_sequences=False)))
    model.add(Dense(1, activation='sigmoid'))
    optimizer = Adam(lr=1e-3)
    model.compile(loss='binary_crossentropy', optimizer=optimizer,
        metrics=['accuracy'])
    print(model.summary())
    path_checkpoint = 'sentiment_checkpoint.keras'
    checkpoint = ModelCheckpoint(
        filepath=path_checkpoint, monitor='val_loss', verbose=1, save_weights_only=True,
        save_best_only=True)
    try:
        model.load_weights(path_checkpoint)
    except Exception as e:
        print(e)
    early_stopping = EarlyStopping(monitor='val_loss', patience=3, verbose=1)
    lr_reduction = ReduceLROnPlateau(monitor='val_loss', factor=0.1,
        min_lr=1e-5, patience=0, verbose=1)
```

```
callbacks = [early_stopping, checkpoint, lr_reduction]
model.fit(X_train, y_train, validation_split=0.1,
nb_epoch=1, batch_size=128, callbacks=callbacks)
def predict_sentiment(text, model):
    text = re.sub("[\s+\.\!\/_,$%^*(+\"\')]+|[+——!,。?、~@#¥%……&*()]+", "", text)
    cut = jieba.cut(text)
    cut_list = [i for i in cut]
    for i, word in enumerate(cut_list):
        try:
            cut_list[i] = cn_model.vocab[word].index
        except KeyError:
            cut_list[i] = 0
    tokens_pad = pad_sequences([cut_list], maxlen=max_tokens,
                               padding='pre', truncating='pre')
    result = model.predict(x=tokens_pad)
    coef = result[0][0]
    if coef >= 0.5:
        print(text+":"+'正面的评价,概率为:{:.4f}'.format(coef))
    else:
        print(text+":"+'负面的评价,概率为:{:.4f}'.format(coef))
def test(embeding_m, max_tokens, X_test, y_test, embedding_dims=300, num_words=50000):
    model = Sequential()
    model.add(Embedding(num_words, embedding_dims, weights=[embeding_m],
                        input_length=max_tokens, trainable=False))
    model.add(Bidirectional(LSTM(64, return_sequences=False)))
```

```python
model.add(Dense(1, activation='sigmoid'))
optimizer = Adam(lr=1e-3)
model.compile(loss='binary_crossentropy', optimizer=optimizer, metrics=['accuracy'])
path_checkpoint = 'sentiment_checkpoint.keras'
try:
    model.load_weights(path_checkpoint)
except Exception as e:
    print(e)
rezult = model.evaluate(X_test, y_test)
print('Accuracy:{}'.format(rezult[1]))
test_list = [
'...',
'...',
]
for text in test_list:
    predict_sentiment(text, model)
if __name__ == '__main__':
    train_text_origin = read_data()
    train_tokenize = tokenize(train_text_origin)
    max_tokens = preprocess_data(train_tokens=train_tokenize)
    embedding_m = embed_matrix(embedding_dims=300)
    X_train, X_test, y_train, y_test = pad_and_truncate(
        train_tokenize, max_tokens, num_words=50000)
    test(embedding_m, max_tokens, X_test, y_test)
```